総務・庶務必携

社内諸規程
のつくり方

荻原 勝・著

経営書院

はじめに

　会社の経営を円滑に進めていくうえにおいて、総務・庶務部門が果たす役割にはきわめて大きいものがあります。このため、大半の会社が総務課・庶務課あるいは総務部を設けています。

　総務・庶務部門の業務は、その性格上多岐・広範囲にわたりますが、いずれの業務も、効率的・統一的に行っていく必要があります。担当者によってその取り扱いに差異が生じたり、場当たり的に対応するといったことがあってはなりません。

　総務・庶務部門の業務を効率的・統一的に行っていくためには、その業務内容の性格や会社の実態に即して、取扱基準・処理要領を「規程」という形で合理的に定めることが必要です。

　本書は、総務・庶務規程の作り方を実務に即して具体的に解説したもので、次の12章から構成されています。

- 第1章　組織・職位・職務権限
- 第2章　株主総会・役員会
- 第3章　印章・文書・名刺
- 第4章　事務用品・携帯電話・郵便・会議室
- 第5章　パソコン・ITシステム
- 第6章　自動車・バイク・駐車場
- 第7章　受付・警備・防火
- 第8章　不動産・知的財産管理
- 第9章　顧客情報管理
- 第10章　取引先関係
- 第11章　寄付・対外関係
- 第12章　有事への対応

いずれの規程も、はじめにその趣旨を簡単に解説したうえで、規程に盛り込むべき主要な事項を列挙しました。そして、それらを踏まえて、モデル規程を紹介しました。

　会社で使われる規程は、簡潔で分かりやすいものでなければなりません。このため、モデル規程の作成に当たっては、簡潔さ・分かりやすさに十分配慮しました。

　会社は、経営を取り巻く環境が厳しさを増す中で、総務・庶務関係の業務を合理的・効率的に遂行していくことが求められています。本書が、総務・庶務関係の業務の合理化・効率化に役立つことができれば幸いです。

　最後に、本書の出版に当たっては、経営書院の皆さんに大変お世話になりました。ここに記して、厚く御礼申し上げる次第です。

2006年 5月

荻 原　　勝

社内諸規程のつくり方

はじめに …………………………………………………………… 1

第1章　組織・職位・職務権限

第1節　組織機構規程 ………………………………………… 10
第2節　業務分掌規程 ………………………………………… 12
第3節　職位規程 ……………………………………………… 19
第4節　職務権限規程 ………………………………………… 22
第5節　業務報告規程 ………………………………………… 27
第6節　稟議規程 ……………………………………………… 30
第7節　委員会規程 …………………………………………… 38
第8節　プロジェクトチーム規程 …………………………… 41
第9節　会議規程 ……………………………………………… 45

第2章　株主総会・役員会

第1節　株主総会規程 ………………………………………… 50
第2節　取締役会規程 ………………………………………… 56
第3節　常務会規程 …………………………………………… 61

第3章　印章・文書・名刺

第1節　印章管理規程 ………………………………………… 66
第2節　社内文書作成規程 …………………………………… 69
第3節　文書保存規程 ………………………………………… 72

3

第4節	機密文書管理規程	75
第5節	名刺規程	79
第6節	身分証明書取扱規程	82
第7節	社員バッチ取扱規程	84

第4章　事務用品・携帯電話・郵便・会議室

第1節	事務用品購入規程	88
第2節	事務機器管理規程	91
第3節	事務機器リース規程	95
第4節	携帯電話貸与規程	98
第5節	社員携帯電話使用規程	101
第6節	郵便・宅配便規程	104
第7節	定期刊行物購読規程	107
第8節	会議室・応接室利用規程	109
第9節	タクシー利用規程	111
第10節	廃棄物処理規程	114

第5章　パソコン・ITシステム

第1節	パソコン使用規程	120
第2節	電子メール使用規程	124
第3節	電子メールモニタリング規程	127
第4節	イントラネット（社内LAN）規程	129
第5節	ホームページ制作規程	133

第6節	情報セキュリティ対策規程	136
第7節	情報システムトラブル対策規程	141
第8節	データセンター入退室規程	145

第6章　自動車・バイク・駐車場

第1節	自動車管理規程	150
第2節	自動車事故対策規程	158
第3節	自動車点検規程	163
第4節	交通安全委員会規程	166
第5節	自動車出張規程	169
第6節	ＥＴＣカード使用規程	173
第7節	マイカー通勤規程	176
第8節	マイカー業務使用規程	180
第9節	バイク運転規程	185
第10節	バイク通勤規程	190
第11節	駐車場管理規程	194
第12節	マイカー用駐車場管理規程	197

第7章　受付・警備・防火

第1節	来客応対規程	202
第2節	受付社員服務規程	205
第3節	警備規程	208
第4節	警備員服務規程	211

第 5 節　防火規程 …………………………………………… 215
第 6 節　消防訓練規程 ………………………………………… 218
第 7 節　自衛消防隊規程 ……………………………………… 220

第 8 章　不動産・知的財産管理

第 1 節　固定資産管理規程 …………………………………… 226
第 2 節　社宅規程 ……………………………………………… 232
第 3 節　独身寮規程 …………………………………………… 239
第 4 節　特許権管理規程 ……………………………………… 247
第 5 節　特許権侵害対策規程 ………………………………… 251
第 6 節　意匠権管理規程 ……………………………………… 255
第 7 節　意匠権・商標権侵害対策規程 ……………………… 258
第 8 節　職務発明褒賞金規程 ………………………………… 262

第 9 章　顧客情報管理

第 1 節　顧客情報管理規程 …………………………………… 268
第 2 節　顧客情報苦情処理規程 ……………………………… 276
第 3 節　顧客情報流出対策規程 ……………………………… 279
第 4 節　顧客情報業務委託規程 ……………………………… 284
第 5 節　プライバシーポリシー（顧客情報保護指針）…… 288

社内諸規程のつくり方

第10章　取引先関係

　第1節　取引先接待規程 …………………………294
　第2節　取引先中元・歳暮贈答規程 ……………297
　第3節　取引先慶弔見舞金規程 …………………300
　第4節　取引先葬儀規程 …………………………304
　第5節　取引先持株会規程 ………………………309

第11章　寄付・対外関係

　第1節　寄付規程 …………………………………316
　第2節　社外団体加入規程 ………………………319
　第3節　会社ＰＲ規程 ……………………………322
　第4節　社外広報規程 ……………………………325
　第5節　情報開示規程 ……………………………328

第12章　有事への対応

　第1節　社葬規程 …………………………………332
　第2節　経営危機管理規程 ………………………335
　第3節　民事暴力対策規程 ………………………342
　第4節　内部通報規程 ……………………………346
　第5節　保険規程 …………………………………350
　第6節　民事訴訟規程 ……………………………353

第1章
組織・職位・職務権限

第1節　組織機構規程
第2節　業務分掌規程
第3節　職位規程
第4節　職務権限規程
第5節　業務報告規程
第6節　稟議規程
第7節　委員会規程
第8節　プロジェクトチーム規程
第9節　会議規程

第1節 組織機構規程

1 規程の趣旨

　会社は、利益を上げるための組織であるから、経営を効率的・合理的に展開していくことが必要である。そのためには、会社の業種や規模の大きさに応じて、組織機構を合理的に決めることが求められる。組織機構に合理性が欠けると、コストの上昇、意思決定の遅れ、情報の錯綜、指示命令の遅れ、消費者サービスの低下など、経営上さまざまな支障が生じる。

2 規程の内容

(1) 組織機構
　会社の業種や規模の大きさを十分に勘案して組織機構を具体的に定める。

(2) 組織の改変
　経営を取り巻く環境は、常に変化する。会社は、環境の変化に柔軟かつ的確に対応していく必要がある。環境変化への対応が適切でないと、「業務の効率が低下する」「経営コストが上昇し、競争力が落ちる」「消費者や取引先のニーズに対応できなくなる」など、さまざまな支障が生じる。
　このため、会社は、環境の変化に対応し、組織機構の改変を行

うことが望ましい。

(3) 組織改変の手続き

　組織の改変は、会社にとってきわめて重要な事項である。したがって、役員会の決定に基づいて行うことにする。

モデル規程

組織機構規程

（総　則）
第1条　この規程は、会社の組織機構について定める。
（組織機構）
第2条　会社の組織機構は、別図のとおりとする。
（業務分掌）
第3条　各部門の担当業務は、別に定める。
（委員会など）
第4条　会社は、必要に応じ、委員会およびプロジェクトチームを設ける。
（組織機構の改変）
第5条　会社は、経営を取り巻く環境の変化に的確に対応し、業績の向上を図るため、必要に応じて組織機構の改変を行う。
2　組織機構の改変は、社長が取締役会に諮って行う。

（付　則）この規程は、〇〇年〇〇月〇〇日から施行する。

（別図）

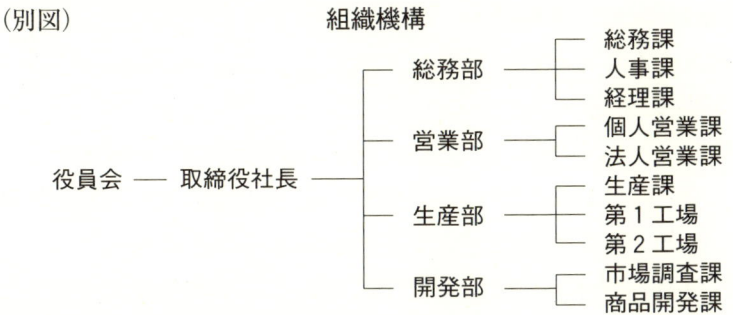

第2節 業務分掌規程

1 規程の趣旨

　各組織（部・課・係）が行うべき業務の範囲を「業務分掌」という。経営を効率的に展開していくためには、業務分掌を合理的に決めることが必要である。
　業務分掌の決め方に合理性が欠けると、「業務が効率的に行われない」「会社として行うべき業務が行われない」「経営コストが必要以上に増大する」「消費者や取引先のニーズに対応できない」など、さまざまな支障が生じることになる。

2 規程の内容

（1）業務分掌
　会社の業種や規模の大きさを十分に勘案して業務分掌を定める。業務分掌は、各組織の「役割」を示すものであるから、具体的に表現することが望ましい。
（2）組織の改変
　経営を取り巻く環境は、常に変化する。会社は、環境の変化に柔軟かつ的確に対応していく必要がある。環境変化への対応が適切でないと、経営上さまざまな支障が生じることになる。
　このため、会社は、環境の変化に対応し、業務分掌の改変を行

うことが望ましい。

（3）業務分掌改変の手続き

　業務分掌の改変は、会社にとってきわめて重要な事項である。したがって、役員会の決定に基づいて行うことにする。

> モデル規程

業務分掌規程

第1章　総　則

（目　的）

第1条　この規程は、各組織の業務内容を定める。

（組織の責務）

第2条　各組織は、その組織に所属する者全員がよく協力協調して、この規程で定められた業務を確実に遂行しなければならない。

（相互協調）

第3条　各組織は、相互に関連する業務については、組織の利害得失にとらわれることなく、全社的な観点から効率的に遂行できるよう協力協調しなければならない。

（干渉の禁止）

第4条　各組織は、この規程で定められた業務分掌の範囲を超えて、他の組織に干渉してはならない。ただし、他の組織から助言、協力または依頼を求められたときは、この限りではない。

第2章　業務分掌

（総務部総務課）

第5条　総務部総務課の業務は、次のとおりとする。

　（1）定款に関すること

　（2）株主総会に関すること

　（3）取締役会に関すること

（4）株式の事務
　（5）社長の秘書的業務
　（6）来客の受付、応対、案内
　（7）文書の受信、発信、受け渡し
　（8）社印、社長印の保管、押印
　（9）事務用品、什器および備品の購入、保管、受け渡し
　（10）役員車の管理
　（11）不動産の管理
　（12）本社ビルの警備
　（13）重要な契約に関すること
　（14）会社法務に関すること
　（15）その他、他の組織に属さない業務

（総務部人事課）

第6条　総務部人事課の業務は、次のとおりとする。
　（1）要員計画の作成
　（2）社員の募集、採用
　（3）社員の配置、配置転換
　（4）社員の退職、解雇
　（5）社員の昇格、昇進
　（6）勤怠管理
　（7）給与計算
　（8）賞与計算
　（9）退職金計算
　（10）昇給
　（11）福利厚生
　（12）教育計画の作成、実施
　（13）社会保険業務
　（14）人事関係の規則・規程の作成、改廃、届出
　（15）賞罰
　（16）その他、社員の人事に関すること

（総務部経理課）
第7条　総務部経理課の業務は、次のとおりとする。
　（1）現金、預金の出納
　（2）小切手、手形に関すること
　（3）資金計画の作成、運用
　（4）予算の作成、管理
　（5）資金運用計画の作成、管理
　（6）貸借対照表、損益計算書など、計算書類の作成
　（7）金融機関との折衝
　（8）有価証券の管理
　（9）税務関係書類の作成、提出、税務当局との折衝
　（10）固定資産台帳の作成、管理
　（11）棚卸しに関する指導業務
　（12）監査役による会計監査の受検
　（13）その他、経理に関すること

（営業部個人営業課）
第8条　営業部個人営業課の業務は、次のとおりとする。
　（1）個人客への販売計画の作成と管理
　（2）個人客への販売戦略の策定と実施
　（3）販売経費予算の作成と管理
　（4）個人客への商品の販売
　（5）販売する商品の管理
　（6）納品書、請求書、領収書などの作成と管理
　（7）販売代金の請求、回収
　（8）売掛金の管理
　（9）個人客からのクレームの受付と処理
　（10）他社のマーケティング情報の収集、整理
　（11）営業統計と営業報告書の作成
　（12）その他、個人客への商品の販売に関すること

（営業部法人営業課）

第1章　組織・職位・職務権限

第9条　営業部法人営業課の業務は、次のとおりとする。
　（1）法人客への販売計画の作成と管理
　（2）法人客への販売戦略の策定と実施
　（3）販売経費予算の作成と管理
　（4）法人客への商品の販売
　（5）販売する商品の管理
　（6）納品書、請求書、領収書などの作成と管理
　（7）販売代金の請求、回収
　（8）売掛金の管理
　（9）法人客からのクレームの受付と処理
　（10）法人客の信用調査
　（11）法人客の与信限度の決定
　（12）他社のマーケティング情報の収集、整理
　（13）営業統計と営業報告書の作成
　（14）その他、法人客への商品の販売に関すること
（開発部市場調査課）

第10条　開発部市場調査課の業務は、次のとおりとする。
　（1）顧客に対するアンケート調査の企画、実施、分析
　（2）市場動向の調査、分析
　（3）関係統計の収集、整理、分析
　（4）商品の需要予測
　（5）その他、市場調査に関すること
（開発部商品開発課）

第11条　開発部商品開発課の業務は、次のとおりとする。
　（1）新商品の企画
　（2）新商品の設計、試作、テスト
　（3）技術情報の収集、整理、分析
　（4）既存商品の改良
　（5）その他、商品開発に関すること
（生産部生産課）

第12条 生産部生産課の業務は、次のとおりとする。
（1）商品の生産計画の作成、管理
（2）原材料の仕入れ計画の作成、管理
（3）生産設備の新設、増強、廃棄に関すること
（4）技術情報の収集、分析
（5）商品の品質の維持・向上に関すること
（6）品質検査に関すること
（7）工場の安全衛生に関すること
（8）その他、生産に関すること

（生産部第1工場）

第13条 生産部第1工場の業務は、次のとおりとする。
（1）○○（商品名）の生産
（2）生産品の検査
（3）生産設備の点検、メンテナンス、修理
（4）安全設備の点検、メンテナンス、修理
（5）生産品の受け渡しと在庫管理
（6）原材料の仕入と在庫管理
（7）作業員に対する技術教育、安全の指導監督
（8）生産統計の作成
（9）生産報告書の作成、提出
（10）工場構内の整理整頓、美化
（11）工場構内の防災、警備
（12）その他、○○（商品名）の生産に関すること

（生産部第2工場）

第14条 生産部第2工場の業務は、次のとおりとする。
（1）△△（商品名）の生産
（2）生産品の検査
（3）生産設備の点検、メンテナンス、修理
（4）安全設備の点検、メンテナンス、修理
（5）生産品の受け渡しと在庫管理

(6) 原材料の仕入と在庫管理
(7) 作業員に対する技術教育、安全の指導監督
(8) 生産統計の作成
(9) 生産報告書の作成、提出
(10) 工場構内の整理整頓、美化
(11) 工場構内の防災、警備
(12) その他、△△（商品名）の生産に関すること

第3章　業務分掌の改変

（業務分掌の改変）
第15条　会社は、経営を取り巻く環境の変化に的確に対応し、業績の向上を図るため、必要に応じて業務分掌の改変を行う。
（業務分掌改変の手続き）
第16条　業務分掌の改変は、社長が取締役会に諮って行う。

（付　則）この規程は、○○年○○月○○日から施行する。

第3節 職位規程

1 規程の趣旨

　業務の指示命令系統、報告系統、監督系統を「職位」という。会社経営を効率的に進めるためには、職位を合理的に決める必要がある。

　職位の決め方に合理性が欠けると、「役員の指示命令が第一線の社員に正しく伝わらない」「指示命令が現場に伝わるのに必要以上に時間がかかる」「現場の業務の遂行状況が経営幹部に正しく伝えられない」「第一線の従業員が独断で業務を遂行する」「職場の規律が低下する」など、さまざまな支障が生じることになる。

2 規程の内容

（1）職位
　会社の業種や規模の大きさを十分に勘案して職位を定める。
（2）職位の変更
　経営を取り巻く環境は、常に変化する。会社は、環境の変化に柔軟かつ的確に対応していく必要がある。環境変化への対応が適切でないと、経営上さまざまな支障が生じることになる。
　このため、会社は、環境の変化に対応し、職位の変更を行うことが望ましい。

第1章　組織・職位・職務権限

(3) 職位変更の手続き
　職位の変更は、会社にとってきわめて重要な事項である。したがって、役員会の決定に基づいて行うことにする。

モデル規程

職位規程

(目　的)
第1条　会社は、経営を組織的・効率的に行うため、職位を設ける。
(職　位)
第2条　職位は、次のとおりとする。
　　　　　社長／役員／部長／課長／係長／係員
(指示命令系統)
第3条　役員は社長の、部長は役員の、課長は部長の、係長は課長の、係員は係長の、指示命令にそれぞれ従って職務を遂行しなければならない。
(報告系統)
第4条　役員は社長に、部長は役員に、課長は部長に、係長は課長に、係員は係長に、それぞれ職務の進捗状況と結果を適宜かつ正確に報告しなければならない。
(監　督)
第5条　社長は役員を、役員は部長を、部長は課長を、課長は係長を、係長は係員を、それぞれよく監督しなければならない。
(代理職)
第6条　会社は、経営上必要であると認めるときは、役職者の代理職を置く。代理職は、役職者が不在のときに、その職務を代わって行う。
(補佐職)
第7条　会社は、経営上必要であると認めるときは、役職者の補佐職を置く。補佐職は、役職者の職務を補佐する。

(専門職)
第8条 会社は、経営上必要であると認めるときは、専門職を置く。
2 専門職は、専門的な知識および経験を活用して、会社から指示された特定の業務を遂行する。
3 専門職の職位は、上級専門職と専門職とする。
4 上級専門職は部長付、専門職は課長付とする。

(服務心得)
第9条 職位にある者は、互いによく協力協調して職務を遂行しなければならない。

(職位の変更)
第10条 会社は、経営を取り巻く環境の変化に的確に対応し、業績の向上を図るため、必要に応じて職位の変更を行う。

(職位変更の手続き)
第11条 職位の変更は、社長が取締役会に諮って行う。

(付　則) この規程は、〇〇年〇〇月〇〇日から施行する。

第4節 職務権限規程

1 規程の趣旨

組織の長（部長・課長・係長・支店長・営業所長・工場長・研究所長など）は、自らの組織に課せられた業務を確実に遂行する責任を負っているが、その責任を果すためには、一定の権限が与えられていることが必要である。

例えば、課長としての責任を確実に遂行するためには、課長に一定の権限が与えられていなければならない。

会社は、職位ごとにその権限を明確にしておくことが望ましい。

2 規程の内容

(1) 職位の権限
職位ごとに、その権限を明確にしておく。

(2) 権限の行使者
権限は、原則として、職務を遂行する立場にある者が自ら行使すべきことを明確にしておく。

(3) 権限の代行
各職位は、必要に応じて自らの権限を下位の役職者に委譲できることにするのが現実的である。

モデル規程

職務権限規程

（総　則）
第1条　この規程は、部長、課長および係長の職務権限について定める。
（権限の原則）
第2条　各職位は、次の権限を有する。
　（1）部門の方針について企画し、上位の役職者に決済を求める権限
　（2）部門の業務計画について立案し、上位の役職者に決済を求める権限
　（3）所管事項の実施方針を決定する権限
　（4）所管事項を実施する権限
　（5）所管事項の実施について、直属の下位職位を指揮命令する権限
　（6）下位職位に指揮命令した事項について、その結果の報告を求める権限
　（7）直属の下位職位について、その職務の遂行を監督する権限
　（8）直属の下位職位について、部門内の配置を計画し、上位職位に決済を求める権限
　（9）直属の下位職位の人事について、会社に推薦、上申する権限
　（10）一定金額以下の経費を支出する権限
　（11）その他、職位に課せられた職務を円滑に遂行するうえで必要な権限
（部長職の権限）
第3条　部長職の権限は、次のとおりとする。
　（1）会社の経営計画の立案に参画する権限
　（2）部の方針について企画し、担当役員に決済を求める権限
　（3）部の業務計画について立案し、担当役員に決済を求める権限
　（4）部の業務計画を実施する権限
　（5）部の業務計画の実施について、直属の下位職位を指揮命令する

第1章　組織・職位・職務権限

　　権限
（6）下位職位に指揮命令した事項について、その結果の報告を求める権限
（7）直属の下位職位について、その職務の遂行を監督する権限
（8）直属の下位職位について、部門内の配置を計画し、担当役員に決済を求める権限
（9）直属の下位職位の勤怠を把握する権限
（10）直属の下位職位に対し、時間外勤務、休日勤務を命令する権限
（11）直属の下位職位に対し、出張を命令する権限
（12）直属の下位職位の人事考課を行う権限
（13）直属の下位職位の昇進を会社に推薦する権限
（14）直属の下位職位の賞罰を会社に上申する権限
（15）1件3万円以下、または総額5万円以下の経費を支出する権限
（16）その他、部長職に課せられた職務を円滑に遂行するうえで必要な権限

（課長職の権限）
第4条　課長職の権限は、次のとおりとする。
（1）部の方針の決定に参画する権限
（2）部の業務計画の立案に参画する権限
（3）課の方針について企画し、部長に決済を求める権限
（4）課の業務計画について立案し、部長に決済を求める権限
（5）課の業務計画を実施する権限
（6）課の業務計画の実施について、直属の下位職位を指揮命令する権限
（7）下位職位に指揮命令した事項について、その結果の報告を求める権限
（8）直属の下位職位について、その職務の遂行を監督する権限
（9）直属の下位職位について、部門内における配置を計画し、部長に決済を求める権限
（10）直属の下位職位の勤怠を把握する権限

(11) 直属の下位職位に対し、時間外勤務、休日勤務を命令する権限
(12) 直属の下位職位に対し、出張を命令する権限
(13) 直属の下位職位の人事考課を行う権限
(14) 直属の下位職位の昇進を部長に推薦する権限
(15) 直属の下位職位の賞罰を部長に上申する権限
(16) 1件1万円以下、または総額3万円以下の経費を支出する権限
(17) その他、課長職に課せられた職務を円滑に遂行するうえで必要な権限

（係長職の権限）
第5条 係長職の権限は、次のとおりとする。
(1) 課の方針の決定に参画する権限
(2) 課の業務計画の立案に参画する権限
(3) 係の方針について企画し、課長に決済を求める権限
(4) 係の業務計画について立案し、課長に決済を求める権限
(5) 係の業務計画を実施する権限
(6) 係の業務計画の実施について、直属の係員を指揮命令する権限
(7) 直属の係員に指揮命令した事項について、その結果の報告を求める権限
(8) 直属の係員について、その職務の遂行を監督する権限
(9) 直属の係員について、部門内における配置を計画し、課長に決済を求める権限
(10) 直属の係員の勤怠を把握する権限
(11) 直属の係員に対し、時間外勤務、休日勤務を命令する権限
(12) 直属の係員に対し、出張を命令する権限
(13) 直属の係員の人事考課を行う権限
(14) 直属の係員の昇進を課長に推薦する権限
(15) 直属の係員の賞罰を課長に上申する権限
(16) 1件5千円以下、または総額1万円以下の経費を支出する権限
(17) その他、係長職に課せられた職務を円滑に遂行するうえで必要な権限

(権限の行使)
第6条 各職位は、自らの権限を自らが直接行使することを原則とする。
(権限侵害の禁止)
第7条 各職位は、他の職位が有する権限を侵害してはならない。
(報告の義務)
第8条 各職位は、次に掲げる者に対し、自らの職務権限の行使状況を適宜適切に報告しなければならない。
　(1) 直属の上位職位
　(2) 関連する部門の職位
(権限の委譲)
第9条 各職位は、必要であると認めるときは、自らの職務の一部をその職務の遂行に必要な権限とともに、下位の職位に委譲することができる。ただし、委譲した場合においても、その職務の遂行経過および結果についての監督責任を免れることはできない。
(権限の代行)
第10条 前条の規定により権限の委譲を受けた者(以下、「代行者」という)は、委譲された権限を自己の職名をもって代行するものとする。
(代行者の責任と権限)
第11条 代行者は、権限代行の結果について責任を負うとともに、その経過および結果を委譲者に報告しなければならない。

(付　則) この規程は、○○年○○月○○日から施行する。

第5節 業務報告規程

1 規程の趣旨

　会社としては、各組織（部・課・係・支店・工場等）がその組織に割り振られた業務を確実に遂行しているかどうかをきちんと把握することが必要である。

　各組織の業務の把握には、実務的にいくつかの方法が考えられるが、「各組織の長に業務報告書を定期的に提出させる」という方法を採用するのが現実的である。各組織から提出された報告書を精査し、業務の遂行状況をチェックする。

2 規程の内容

（1）役職者の業務報告義務
　役職者に対し、自らの組織の業務について、その遂行状況および結果を正確に会社に報告することを義務づける。

（2）緊急事態への対応
　会社においては、いつ、どのような緊急事態・異常事態が生じるか分からない。そのような事態が生じたときは、会社として迅速・的確に対応しなければならない。このため、役職者に対し、自らの組織の業務について緊急事態・異常事態が生じたときは、その内容を直ちに会社に報告することを求める。

第1章　組織・職位・職務権限

(3) 報告書の提出

役職者に対し、所定の報告書を所定の期日までに社長に提出することを定める。なお、当然のことではあるが、報告書の種類とその提出期限は、役職者に過度の負担をかけることのないような形で具体的に定めることが必要である。

モデル規程

業務報告規程

(総　則)
第1条　この規程は、部長および工場長の業務報告について定める。
(業務遂行義務)
第2条　部長および工場長は、自らの組織の業務を確実に遂行しなければならない。
(業務報告義務)
第3条　部長および工場長は、自らの組織の業務について、その遂行状況および結果を正確に社長に報告しなければならない。
(緊急事態への対応)
第4条　部長および工場長は、自らの組織の業務について緊急事態・異常事態が生じたときは、その内容を直ちに社長に報告しなければならない。
(報告書)
第5条　部長および工場長は、別表に定める報告書を所定の期日までに社長に提出しなければならない。
2　提出期限は、次のとおりとする。

　　　年　　報　　年度終了後1カ月以内
　　　半 期 報　　半期終了後2週間以内
　　　四半期報　　四半期終了後2週間以内
　　　月　　報　　翌月10日以内

　　　　　　週　報　　翌週月曜日
3　報告書は、正確に作成しなければならない。
（責　任）
第6条　部長および工場長は、報告書の作成を部下に任せた場合においても、その報告書の内容について責任を負わなければならない。

（付　則）この規程は、〇〇年〇〇月〇〇日から施行する。

（別表）　　　　　　　**報　告　書**

営業部長	売上報告書（週報、月報、四半期報、半期報、年度報） 販売代金回収報告書（週報、月報、四半期報、半期報、年度報） 販売経費支出報告書（週報、月報、四半期報、半期報、年度報） 販売協力金報告書（月報、四半期報、半期報、年度報） 取引先動向報告書（月報） 市場動向報告書（月報） クレーム報告書（月報）
経理部長	売掛金・買掛金報告書（月報、四半期報、半期報、年報） 銀行取引報告書（月報、四半期報、半期報、年報） 手形・小切手報告書（週報、月報、四半期報、半期報、年報） 現金・預金報告書（週報、月報） 固定資産報告書（月報、半期報、年報） 税務報告書（月報、半期報、年報） 損益計算書（月報、半期報、年報） 貸借対照表（月報、半期報、年報）
人事部長	時間外・休日勤務報告書（月報、四半期報、半期報、年報） 給与・賞与支払報告書（月報、四半期報、半期報、年報） 在籍人員報告書（月報、四半期報、半期報、年報） 求人・採用報告書（月報） 社員組合報告書（月報）
工場長	生産・出荷実績報告書（週報、月報、四半期報、半期報、年報） 機械設備稼働報告書（週報、月報、四半期報、半期報、年報） 主要原材料受払報告書（週報、月報、四半期報、半期報、年報） 品質検査報告書（週報、月報、四半期報、半期報、年報） 労災報告書（月報、年報）

第6節 稟議規程

1 規程の趣旨

　会社は、さまざまな場面で意思決定を迫られる。意思決定は、迅速・的確に行うことが必要である。
　意思決定を迫られる事案には、重要なものもあれば、それほど重要ではないものもある。重要度の低いものの意思決定は担当者本人に任せても差し支えないが、重要な事案の意思決定を担当者本人に任せるのは危険である。重要な事案は、幹部社員や役員が対応を協議したうえで、社長が最終的な決裁をするのが合理的である。
　業務遂行上の重要な事項について、担当者がその処理方法を起案し、係長→課長→部長→担当役員という順序でチェックし、さらに関係する役職者の判断を求めたうえで、最終的に社長が決裁する仕組みを、一般に「稟議制度」という。多くの会社で採用されている意思決定制度である。

2 規程の内容

(1) 稟議事項
　業務の内容、組織の規模などを踏まえ、稟議事項を具体的に定める。

（2）稟議の原則

稟議は、必ず事前に諮らなければならないものとする。ただし、緊急やむを得ない事情があるときは、口頭により社長の決裁を得て実施することができるものとする。

（3）起案者の範囲

起案者は、役職者とするのが合理的であろう。なお、稟議が社長決裁において承認されたときは、起案者を実施責任者とするのが合理的であろう。

（4）稟議事項の範囲

稟議事項は、自己の所管業務に関するものに限ることにする。

（5）稟議事項が複数の部門に渡るとき

稟議事項が複数の部門に渡るときは、関係部門で協議を行い、起案者を決定するものとする。

モデル規程

稟議規程

（総　則）

第1条　この規程は、稟議の手続を定める。

（定　義）

第2条　この規程において「稟議」とは、所定の稟議事項について、役員および関係役職者が審査し、社長が決裁することをいう。

（稟議の目的）

第3条　稟議は、会社としての意思決定を迅速かつ的確に行い、業務を円滑かつ適正に推進する目的で行う。

（稟議事項）

第4条　稟議事項は、別表のとおりとする。

（稟議の原則）

第1章　組織・職位・職務権限

第5条　稟議は、必ず事前に諮らなければならない。ただし、緊急やむを得ない事情があるときは、口頭により社長の決裁を得て実施することができる。
2　前項のただし書きによる場合は、事後速やかに稟議書を提出しなければならない。
（起案者の範囲）
第6条　起案者は、役職者とする。
2　稟議が社長決裁において承認されたときは、起案者が実施責任者となる。
（稟議事項の範囲）
第7条　稟議事項は、自己の所管業務に関するものに限る。
（稟議事項が複数の部門に渉るとき）
第8条　稟議事項が複数の部門に渉るときは、関係部門で協議を行い、起案者を決定するものとする。
（稟議書の記載事項）
第9条　起案者は、所定の稟議書に次の事項を記載し、総務部長に提出するものとする。
　（1）件名
　（2）起案年月日
　（3）起案者の氏名、所属
　（4）起案の内容
　（5）その他必要事項
2　稟議書だけでは稟議内容を説明できないときは、必要に応じて関係書類を添付することができる。
（総務部長の受理）
第10条　総務部長は、提出された稟議書について、前条第1項に規定された事項が記載されているときは、これを受理する。
2　総務部長は、提出された稟議書に形式的な不備があるときは、起案者に対し、その訂正を求めることができる。
（稟議整理簿への記録）

第11条　総務部長は、稟議書を受理したときは、稟議整理簿に、次の事項を記録する。
　（１）整理番号
　（２）受理年月日
　（３）起案部門、起案者
　（４）件名
（審議先の決定）
第12条　総務部長は、稟議事項に関係の深い審議先を決定し、審査を依頼する。
（審査の方法）
第13条　各審議者は、次に掲げる方法により、速やかに事案を審査する。審査を終えたときは、速やかに次の審議者に稟議書を回付する。
　（１）原案を承認する場合――承認欄に押印する
　（２）条件付で承認する場合――条件付承認欄に押印し、その理由と条件を付記する
　（３）原案を否認する場合――否認欄に押印し、その理由を付記する
（社長決裁）
第14条　総務部長は、審査の終了した事案につき、社長の決裁を受ける。社長に事故あるときは、副社長の決裁を受ける。
２　社長決裁の区分は、次による。
　（１）承　　　認―――原案どおり
　（２）条件付承認―――条件を付けて承認する
　（３）保　　　留―――決済を一時保留する
　（４）否　　　認―――原案を否認する
（決裁後の措置）
第15条　稟議について社長決裁が行われたときは、総務部長は、稟議整理簿に、次の事項を記載する。
　（１）決裁年月日
　（２）決裁の区分
２　総務部長は、決裁された稟議書のコピーを取り、そのコピーを起案

(実　施)
第16条 実施責任者は、決済された事項を速やかに実施しなければならない。

2　決済日以降3カ月を経過しても実施されない場合は、その決裁は無効とする。ただし、あらかじめ一定の期間を付して決裁されたものは、その期間が経過したときに無効とする。

(報　告)
第17条 実施責任者は、決裁された事項を実施したときは、審議者に対し、その結果を報告しなければならない。

(付　則)　この規程は、〇〇年〇〇月〇〇日から施行する。

(別表)　　　　　　　　　**稟　議　事　項**

部　　　門	稟　議　事　項
部門共通	年度事業方針 年度事業計画 年度予算 人員計画、要員計画 賞　　罰 備品の購入（1件〇万円以上） 経費の支出（1件〇万円以上） 取引先接待費・慶弔見舞金（1件〇万円以上） 資産の処分 規則・規程の制定、改廃
営業部	販売条件の決定、変更 販売契約の締結（1件〇万円以上） 与信額の設定、変更 新規取引の開始
経理部	全社年度予算

	年度決算方針 資金の借入れ 余剰資金の運用 税務の取扱い、税務当局との折衝
人　事　部	採用計画 採用条件、採用の可否 新規採用者の配置 昇　　給 賞　　与 昇進、昇格 人事制度の実施、改正 社員教育の実施
総　務　部	会社行事の実施 寄付金、賛助金 外部団体への加入、退会
工　　　場	生産設備の増設 設備の修理 原材料の購入（1件〇万円以上） 安全衛生対策の実施
研　究　所	年度主要研究テーマの決定、変更 研究設備の購入、廃棄 学会への加入、退会

（様式1）　　　　　　　　　　稟　議　書

稟　議　書

1 起案日・起案者

起案日	年　月　日	起案者	所属	部　　　課	氏名	印

2 受付・決裁日

受付日	年　月　日	整理番号		決裁日	年　月　日

3 起案内容

件　名
起案内容

4 審議者・審議結果

	承認	条件付承認	否認	条件、理由
副社長				
取締役				
取締役				
部　長				
部　長				

5 社長決裁

承認	条件付承認	保留	否認	条件、理由

6 起案部門

取締役	部長	次長	課長	係長

(様式2)　　　　　　　　　稟　議　整　理　簿

稟議整理簿（　　年度）							
整理番号	起案月日	起案部門	受理月日	件　名	決裁月日	決裁区分	備　考
	月　日		月　日		月　日	Ａ Ｂ Ｃ Ｄ	
	月　日		月　日		月　日	Ａ Ｂ Ｃ Ｄ	
	月　日		月　日		月　日	Ａ Ｂ Ｃ Ｄ	
	月　日		月　日		月　日	Ａ Ｂ Ｃ Ｄ	
	月　日		月　日		月　日	Ａ Ｂ Ｃ Ｄ	
	月　日		月　日		月　日	Ａ Ｂ Ｃ Ｄ	
	月　日		月　日		月　日	Ａ Ｂ Ｃ Ｄ	
	月　日		月　日		月　日	Ａ Ｂ Ｃ Ｄ	
	月　日		月　日		月　日	Ａ Ｂ Ｃ Ｄ	

（注）決裁区分の表示　　Ａ＝承認　　Ｂ＝条件付承認　　Ｃ＝保留　　Ｄ＝否認

第7節 委員会規程

1 規程の趣旨

会社で発生する事案の中には、
・組織の枠を超えて全社的に対応すべきもの（例えば、安全衛生に関すること）
・公正な意思決定を行うことが特に必要であるもの（例えば、社員の賞罰に関すること）
がある。
　このような事案については、特定の部門で対応するよりも、組織横断的な委員会を設置して、全社的に対応することが望ましい。

2 規程の内容

(1) 設置基準
　委員会は、次の場合に設置するのが合理的であろう。
　・全社的に取り組むことが必要である場合
　・公正な意思決定を行うことが特に必要である場合
(2) 設置手続き
　委員会は、会社にとって重要なものであるから、役員会の決定により設置する。
(3) 委員の任命

委員会の委員の任命方法を定める。
（4）委員の任期
委員の任期を定める。一般的にいえば、2年程度とするのが適当であろう。ただし、再任を妨げないものとする。
（5）委員長、副委員長
委員会の運営を組織的・効率的に行うため、委員長および副委員長を置くのがよい。
（6）委員会の開催
委員会は、委員長が招集することによって開催する。
（7）委員会の議長
委員会の議長は、委員長が務める。
（8）議事録
委員会を開催したときは、議事録を作成する。

モデル規程

委員会規程

（総　則）
第1条　この規程は、委員会の設置および運営の基準を定める。
（設置基準）
第2条　委員会は、次の場合に設置する。
　（1）全社的に取り組むことが必要である場合
　（2）公正な意思決定を行うことが特に必要である場合
（設置手続き）
第3条　委員会は、役員会の決定により設置する。
（委員の任命）
第4条　委員会の委員は、社長が関係部長の意見を聴いて任命する。
（委員の任期）

第1章　組織・職位・職務権限

第5条　委員の任期は、2年とする。ただし、再任を妨げないものとする。

（委員長、副委員長）
第6条　委員会に委員長および副委員長を置く。
2　委員長および副委員長は、社長が任命する。

（委員会の開催）
第7条　委員会は、委員長が招集することによって開催する。
2　委員長に事故あるときは、副委員長が招集する。

（委員会の議長）
第8条　委員会の議長は、委員長が務める。
2　委員長に事故あるときは、副委員長が務める。

（議事録）
第9条　委員会を開催したときは、議事録を作成する。
2　議事録の作成者は、委員長が指名する。

（事務局）
第10条　委員会の事務局は、委員会の業務と最も関係のある部門が務めるものとし、役員会において決定する。

（付　則）この規程は、〇〇年〇〇月〇〇日から施行する。

第8節 プロジェクトチーム規程

1 規程の趣旨

　会社は、経営を効率的・組織的に展開するために、部・課・係という組織を設けている。経営上の問題は、いずれかの組織が確実に責任をもって処理するのが理想であるが、問題によっては、既存の組織では対応できないことがある。また、特定の部・課・係が対応するよりも、全社的に対応するほうがよいこともある。
　このような場合に、期間を限って設置される特別の組織を一般に「プロジェクトチーム」という。
　プロジェクトチームを多用する会社は、その設置、構成および運用の基準を明確にしておくことが望ましい。

2 規程の内容

(1) 設置基準
　設置基準を定める。一般的にいえば、「会社として緊急に対応すべき重要な課題が発生し、かつ、現在の組織体制ではその課題に適切に対応することが困難であるとき」とするのが適切であろう。
(2) 設置の手続き
　プロジェクトチームの設置は、社長が役員会に諮って決定する。

(3) 設置期間

プロジェクトチームの設置期間は、課題の緊急性、難易度、経営を取り巻く状況、その他を総合的に判断して決定する。

(4) メンバーの任命方法と任命基準

プロジェクトチームのメンバーの任命方法および任命基準を定める。

(5) メンバーの任期

メンバーの任期は、原則としてプロジェクトチームの設置期間と同一とする。

(6) リーダー、サブリーダー

プロジェクトチームの活動を効率的・組織的に行うため、リーダー、サブリーダーを置くのがよい。

(7) 組織上の位置づけ

プロジェクトチームは、会社にとって重要な課題を取り扱うのであるから、社長または役員会の直属とするのが適切であろう。

モデル規程

プロジェクトチーム規程

（総　則）
第1条　この規程は、プロジェクトチームの設置、構成および運用の基準について定める。

（設置基準）
第2条　会社は、会社として緊急に対応すべき重要な課題が発生し、かつ、現在の組織体制ではその課題に適切に対応することが困難であるときに、あらかじめ期間を限ってプロジェクトチームを設置する。

（設置の手続き）
第3条　プロジェクトチームの設置および設置期間は、社長が役員会に

諮って決定する。
（設置期間）
第4条　プロジェクトチームの設置期間は、課題の緊急性、難易度、経営を取り巻く状況、その他を総合的に判断して決定する。
（メンバーの人数）
第5条　プロジェクトチームのメンバーは、原則として10名以内とする。
（メンバーの任命）
第6条　プロジェクトチームのメンバーは、社長が関係役員の意見を聴いて任命する。
2　任命の基準は、次のとおりとする。
　（1）プロジェクトチームが取り扱う課題に関して一定の知識を有すること
　（2）会社の業務全般について一定の知識を有すること
　（3）人格円満で協調性があること
（メンバーの任期）
第7条　メンバーの任期は、原則としてプロジェクトチームの設置期間と同一とする。
（リーダー、サブリーダー）
第8条　プロジェクトチームにリーダー、サブリーダーを置く。
2　リーダーは、メンバーを適切に指揮命令して課題の取りまとめに当たる。
3　サブリーダーは、リーダーを適切に補佐する任務を負う。リーダーに事故あるときは、その任務を代行する。
4　リーダー、サブリーダーは、社長が関係役員の意見を聴いて任命する。
（対応策の取りまとめ）
第9条　プロジェクトチームは、あらかじめ指示された期間内に、与えられた課題について対応策を取りまとめなければならない。
（報告書の提出）
第10条　プロジェクトチームは、与えられた課題について対応策を取り

第1章　組織・職位・職務権限

まとめたときは、社長に報告書を提出しなければならない。
（組織上の位置付け）
第11条　プロジェクトチームは、社長直属とする。
（業務の遂行）
第12条　メンバーは、自己の本来の業務と平行してプロジェクトチームの業務を遂行するものとする。
（上司などの協力義務）
第13条　メンバーが所属する部門の長および社員は、メンバーがプロジェクトチームの業務に全力を集中できるよう、側面的に協力しなければならない。
（規程外の対応）
第14条　プロジェクトチームの活動について、この規程に定められていない事項は、総務部長がリーダーの意見を聴いて決定する。

（付　則）この規程は、〇〇年〇〇月〇〇日から施行する。

第9節 会議規程

1 規程の趣旨

　会社ではよく会議が開かれる。
　会議は、「衆知を集められる」「指示命令を統一的・効率的に行える」「社内のコンセンサス(合意)を形成できる」「出席者で同じ情報を共有できる」などの効果がある。だからこそ、よく開かれるわけである。
　しかし、その反面、「議事の進行がよくないと必要以上に時間がかかる」「会議に遅れる社員が多く、定刻に始まらない」「会議中に席を離れる者が多い。重要人物が中座すると、会議が中断してしまう」「あまり関係のない社員も出席する」など、問題も多い。このため、会議の効率的運営について規程を作り、その周知徹底を図るのがよい。

2 規程の内容

(1) 主催者の心得
　会議を主催する者が守るべき事項、留意すべき事項を明確にする。
(2) 出席者の心得
　会議に出席する者が守るべき事項、留意すべき事項を明確にする。

第1章 組織・職位・職務権限

> モデル規程

会議規程

（総　則）
第1条　この規程は、会議について定める。
（適　用）
第2条　この規程は、出席者が社員だけで構成される会議に適用するが、社外の者を交えて開かれる会議にも準用されることが望ましい。
（基本的心得）
第3条　会議の主催者および出席者は、会議の効率化と生産性の向上に努めなければならない。
（主催者の心得）
第4条　会議の主催者は、次の事項に十分留意しなければならない。
　（1）あらかじめ会議の目的を明確にしておくこと
　（2）出席者を会議の議題に関係のある者に絞り込むこと
　（3）出席者に対し、あらかじめ会議の趣旨、日時および場所を知らせること
　（4）会議用の資料があるときは事前に配布すること
　（5）定刻に開始すること
　（6）開会挨拶は手短に行うこと（できれば省略すること）
　（7）議長または司会者を決め、議事を効率的に進行させること
　（8）終了時に出席者全員で決定事項を確認すること
　（9）議事が終了したら直ちに散会すること
　（10）会議終了後、会場を整理整頓しておくこと
　（11）出席者に対し食事および飲み物を出さないこと
（出席者の心得）
第5条　会議の出席者は、次の事項に十分留意しなければならない。
　（1）あらかじめ会議の目的を理解しておくこと

（2）出席できないときは、あらかじめ主催者に伝えておくこと
（3）定刻までに席に着くこと。会議に遅れないこと
（4）事前に配布されている資料に目を通しておくこと
（5）会議中タバコを吸わないこと
（6）会議中席を外さないこと
（7）会議中携帯電話の電源を切っておくこと
（8）必要な内容をメモしておくこと
（9）発言は大きな声ではっきりと行うこと
（10）司会者から発言を求められたときは、臆することなく自分の意見を述べること
（11）会議が終了したら直ちに会場を離れること

（付　則）この規程は、〇〇年〇〇月〇〇日から施行する。

第2章
株主総会・役員会

第1節　株主総会規程

第2節　取締役会規程

第3節　常務会規程

第1節 株主総会規程

1 規程の趣旨

　株式会社の場合、株主総会は、会社の最高の意思決定機関であるから整然と行われることが必要である。整然さが欠けると、会社の社会的信用が低下したり、株主に不信感を与えたりする。このため、総会が整然と開催されるよう、その議事の進行などについて合理的な基準を定めておくことが望ましい。

2 規程の内容

（1）出席者の資格
　株主総会に出席できる者の資格を明確にする。
（2）議長
　議長の選出について定める。社長または会長が議長を務めることにするのが適当であろう。
（3）開会
　開会の方法について定める。
（4）議事の進行
　議事の順序、議案の上程、株主の発言、動議の取扱い、質問への答弁など、議事の進行について定める。
（5）採決

採決の時期、方法などについて定める。
(6) 閉会
閉会、散会について定める。

モデル規程

株主総会規程

第1章　総　則

(目　的)
第1条　この規程は、株主総会（以下、「総会」という）の議事の円滑な運営を図ることを目的として、その議事の方法を定める。
(出席資格者)
第2条　総会に出席することができる者は、次のとおりとする。
　（1）株主
　（2）会社の役員
　（3）会社の法律顧問
　（4）会社の株式事務担当者、その他会社が認めた者
2　議長は、総会に出席した株主について、その資格に疑いがあるときは、必要な調査を行うことができる。
(株主の入場)
第3条　株主は、開会前に会場に入場するものとする。ただし、開会後においても、会場に入場し、その後の議事に参加することを妨げない。
(危険物の持込み禁止)
第4条　会場に入る者は、危険物を持ち込んではならない。

第2章　議　長

(議　長)
第5条　議長は、取締役社長がこれを務める。
2　取締役社長に事故あるときは、あらかじめ取締役会が定めた順序に

従い、他の取締役がこれに当たる。
(議長不信任の動議)
第6条 株主は、前条の規定にかかわらず、いつでも議長不信任の動議を提出することができる。
2　議長不信任の動議が可決されたときは、直ちに新議長を選出するものとする。

第3章　開　会

(開会の宣言)
第7条 議長は、開会予定時刻が到来したときは、株主の出席状況を確認し、開会を宣言しなければならない。
2　議長は、前項の規定にかかわらず、次の場合には、総会の開会時刻を繰り下げることができる。
　（1）株主の出席が定足数を満たしていないとき
　（2）取締役、監査役が出席していないとき
　（3）会場の整備が十分でないとき
　（4）その他総会を開催することについて重大な支障があると認められるとき
3　議長は、前項の場合において、その事情がなくなったとき、または相当の時間が経過したときは、開会の宣言をしなければならない。
(出席状況の報告)
第8条 議長は、開会の宣言をした後、議事に入る前に、出席者に対し、株主の出席状況を報告しなければならない。
2　前項の報告は、株式事務担当者に行わせることができる。

第4章　議　事

(議事の順序)
第9条 総会の議事は、議事進行に関する事項を除いて、招集通知に記載された議事日程の順序に従うものとする。ただし、総会で承認されたときは、数個の議案を一括して審議することができる。

（議事進行に関する動議）
第10条 議事進行に関して動議が提出されたときは、その動議を他の議案に先立って審議・採決しなければならない。

（議案の上程）
第11条 議長は、議案を上程するときは、その旨を宣言した後、その趣旨を自ら説明し、または他の取締役をして説明させなければならない。ただし、その必要がないと認めるときは、この限りでない。

（株主の発言）
第12条 株主は、発言するときは、挙手し、議長の許可を得た後に、その席または議長の指定した場所において行うものとする。
2　議長は、2人以上の者が挙手して発言を求めたときは、先に挙手したと認められる者から発言させるものとする。ただし、議事進行に関する動議提出のための発言をする者がいるときは、これを優先させなければならない。
3　議長は、1つの議案について2人以上の者から発言の申出があったときは、1人の発言時間を合理的な範囲内において制限することができる。

（発言内容など）
第13条 株主の発言は、付議された議案に関係するものでなければならない。
2　発言は、簡明に行わなければならない。
3　議案に対する株主の発言は、その議案が上程された後でなければ行うことができない。

（発言違反に対する措置）
第14条 議長は、株主の発言が前条に違反するときは、必要な注意を与え、またはその発言を中止させることができる。

（議事進行の動議）
第15条 株主は、いつでも議事進行に関する動議を提出することができる。
2　株主は、前項の動議を提出するときは、議長にその旨を告げなけれ

ばならない。
(質問への答弁)
第16条　議長は、株主から質問が出されたときは、自ら答弁し、または他の者に答弁させなければならない。

2　前項の規定にかかわらず、答弁の必要がないと認められる質問については、議長は、株主にその旨を告げれば足りるものとする。

(審議打切りの動議)
第17条　株主は、付議された議案について質疑または討論が続出して容易には終結しないと判断されるときは、審議を打ち切り直ちに採決すべき旨の動議を提出することができる。

(休　憩)
第18条　議長は、議事の進行上適当であると認めるときは、休憩を宣言することができる。

(不穏当な言動への措置)
第19条　議長は、不穏当な言動によって議事の進行を妨げる者が出たときは、その者の言動を制止することができる。

2　議長は、前項の場合において、その者が議長の制止に従わないときは、その者に対し、退場を命令することができる。

第5章　採　決

(採決の時期)
第20条　議長は、付議された議案について審議が終了したとき、または審議打切りの動議が可決されたときは、直ちにその採決を行わなければならない。

(採決の方法)
第21条　議案の採決は、各議案ごとに行わなければならない。ただし、一括して審議した議案は、一括して採決することができる。

(採決結果の宣言)
第22条　議長は、採決が行われたときは、直ちにその結果を宣言しなければならない。

第6章 閉　会

（閉　会）
第23条　議長は、次の場合には、閉会を宣言しなければならない。
　（1）議事日程において予定されていた議案のすべての審議を終了したとき
　（2）次項の決議が有効に行われたとき
2　総会は、閉会、延会または継続会の決議を行うことができる。
（散　会）
第24条　議長が閉会を宣言したときは、総会は直ちに散会するものとする。

（付　則）この規程は、〇〇年〇〇月〇〇日から施行する。

第2節 取締役会規程

1 規程の趣旨

　取締役会は、会社の経営方針を決定し、その方針が確実に執行されているかどうかを監督する重要な機関である。会社法の規定を踏まえ、その構成、種類、招集および運営などの基準を規程として明文化しておくことが望ましい。

2 規程の内容

（1）取締役会の構成
　取締役会は、すべての取締役をもって構成することを明記する。
（2）監査役の出席義務
　監査役は、取締役会に出席し、必要と認めるときは意見を述べなければならないことを明記する。
（3）種類
　取締役会は、定例取締役会と臨時取締役会の2種類とするのが適切である。
（4）招集権者
　取締役会の招集権者を定める。なお、招集権者以外の取締役も、議題およびその理由を記載した書面を招集権者に提出することにより、取締役会の招集を請求できる旨明記する。

(5) 招集の手続き

取締役会の招集手続きを明記する。

(6) 議長

取締役会の議長は、取締役社長が務めることにするのが適切であろう。

(7) 付議・決定事項

取締役会の付議および決定事項を定める。

(8) 決議

取締役会の決議の方法を定める。なお、決議について特別の利害関係を有する取締役は、その議決権を行使することはできない旨明記する。

(9) 議事録

取締役会を開催したときは、そのつど、議事録を作成し、議事の経過および結果、その他法務省令で定められた事項を記載する旨定める。

モデル規程

取締役会規程

（総　則）
第1条　この規程は、取締役会の構成、種類、招集および運営などに関する基準を定める。
2　この規程に定めのない事項は、法令または定款の定めるところによる。
（構　成）
第2条　取締役会は、すべての取締役をもって構成する。
（監査役の出席義務）
第3条　監査役は、取締役会に出席し、必要と認めるときは意見を述べなければならない。

(種　類)
第4条　取締役会は、次の2種類とする。
　(1) 定例取締役会
　(2) 臨時取締役会
(定例取締役会)
第5条　定例取締役会は、毎月1回、第1月曜日に本社において開催する。当日が休日に当たるときは、その翌日とする。
(臨時取締役会)
第6条　臨時取締役会は、必要あるときに臨時に開催する。
(招集権者)
第7条　取締役会は、取締役社長がこれを招集する。取締役社長に事故あるときは、取締役副社長がこれに当たり、取締役副社長に事故あるときは、専務取締役がこれに当たる。
(招集の請求)
第8条　取締役は、議題およびその理由を記載した書面を招集権者に提出することにより、取締役会の招集を請求することができる。
(招集の手続き)
第9条　取締役会招集の通知は、開催日の1週間前までに各取締役および各監査役に対して発する。ただし、定例取締役会および緊急を要する場合は、この招集手続きを省略して開催する。
(欠席届)
第10条　取締役および監査役は、やむを得ない事情で取締役会に出席できないときは、あらかじめ招集権者に届け出なければならない。
(議　長)
第11条　取締役会の議長は、取締役社長が務める。取締役社長に事故あるときは、取締役副社長がこれを務め、取締役副社長に事故あるときは、専務取締役がこれを務める。
(役員以外の出席)
第12条　取締役会は、必要と認めたときは、取締役および監査役以外の者を出席させて意見を聴くことができる。

(付議・決定事項)
第13条 取締役会の付議および決定事項は、次のとおりとする。
　（1）株主総会に関する事項
　　　①株主総会の招集に関すること
　　　②株主総会の付議事項に関すること
　　　③計算書類および付属明細書に関すること
　　　④その他、株主総会に関する重要事項
　（2）取締役に関する事項
　　　①代表取締役の選定に関すること
　　　②取締役の役位の決定に関すること
　　　③取締役の業務分担に関すること
　　　④取締役の報酬、賞与および退職慰労金に関すること
　　　⑤その他、取締役に関する重要事項
　（3）資産および財務に関する事項
　　　①重要な資産の得失、賃貸借および権利の設定に関すること
　　　②多額の借入および債務保証に関すること
　　　③新株の発行に関すること
　　　④社債の募集に関すること
　　　⑤その他、資産および財務に関する重要事項
　（4）業務運営に関する事項
　　　①重要な規定の制定、改廃に関すること
　　　②重要な組織の新設、統廃合に関すること
　　　③重要な人事に関すること
　　　④社員の賃金その他重要な労働条件に関すること
　　　⑤その他、業務運営に関する重要事項
　（5）その他、会社経営に関する重要事項
(取締役の報告義務)
第14条 取締役は、取締役会に対し、自らの職務の執行状況について報告しなければならない。
(決議の方法)

第2章　株主総会・役員会

第15条　取締役会の決議は、取締役の過半数が出席し、かつ、出席取締役の過半数をもって行う。
2　取締役会の決議について特別の利害関係を有する取締役は、その議決権を行使することはできない。

（書面決議）
第16条　取締役が取締役会の決議の目的である事項について提案をした場合において、その提案について取締役（その事項について議決に加わる者に限る）の全員が書面で同意の意思表示をし、かつ、監査役がその提案について異議を述べなかったときは、その提案を可決する旨の取締役会の決議が行われたものとみなす。

（議事録）
第17条　取締役会を開催したときは、そのつど、議事録を作成し、議事の経過および結果、その他法務省令で定める事項を記載する。
2　議事録には、出席した取締役および監査役全員が署名捺印する。
3　議事録は10年間保存する。

（欠席者への通知）
第18条　取締役会の決議の内容は、欠席した取締役および監査役に通知する。

（規程の改定）
第19条　この規程の改定は、取締役会の決議によって行う。

（付　則）この規程は、〇〇年〇〇月〇〇日から施行する。

第3節 常務会規程

1 規程の趣旨

　役付の役員から構成される会を一般に常務会と呼ぶ。取締役会とは別に常務会を設け、ここで経営方針を議論したり、個々の取締役の業務執行を監督したりしている会社が少なくない。常務会制度は、肥大化して本来の機能を発揮できなくなった取締役会を補完し、経営の効率性と迅速な意思決定を確保するための日本的な工夫といえる。

　常務会を設けている会社は、その構成、招集および運営などの基準を明確にしておくことが望ましい。

2 規程の内容

（1）任務

　まず常務会の任務を規定する。一般的には、「取締役会において定められた経営方針に基づいて社長が業務を執行するに当たり、業務に関する重要事項を協議すること」と規定するのが適切であろう。

（2）構成

　常務会は、役付役員をもって構成するのが一般的である。

（3）開催日

第2章　株主総会・役員会

定例常務会の開催日を定めておく。
（4）議長
社長が議長を務めるのが適切である。
（5）協議事項、決定事項
常務会の協議事項もしくは決定事項を決める。

モデル規程

常務会規程

（総　則）
第1条　この規程は、常務会の構成、開催および運営などについて定める。
（任　務）
第2条　常務会は、取締役会で決定された経営方針に基づいて社長が業務を執行するに当たり、業務に関する重要事項を協議する。
（構　成）
第3条　常務会は、役付役員をもって構成する。
（関係者の出席）
第4条　常務会は、必要と認めるときは、議事に関係する者を出席させ、その意見を聴き、もしくは説明を求めることがある。
（開　催）
第5条　常務会は、原則として毎週月曜日に開催する。当日が休日のときは、その翌日に開催する。ただし、必要ある場合は、臨時に開催する。
（欠席届）
第6条　役付役員は、やむを得ない事情で常務会に出席できないときは、あらかじめ社長に届け出なければならない。
（議　長）
第7条　常務会の議長は社長が務める。社長に事故あるときは、副社長が務める。

（付議事項）
第8条 常務会への付議事項は、次のとおりとする。
 （1）取締役会の招集および提出議案に関する事項
 （2）取締役会で決定された経営方針の執行に関する事項
　　①生産計画に関すること
　　②販売計画に関すること
　　③購入計画に関すること
　　④資金計画に関すること
　　⑤要員計画に関すること
　　⑥期末決算方針に関すること
 （3）重要な財産の取得、処分に関する事項
 （4）重要な職制・組織の変更、新設に関する事項
 （5）重要な人事・労務に関する事項
 （6）重要な規則・規程の制定、改廃に関する事項
 （7）関係会社の管理に関する重要事項
 （8）重要な契約に関する事項
 （9）その他、会社経営上重要な事項

（決　定）
第9条 常務会に付議された案件は、その協議を経て社長が決定する。ただし、緊急を要する事項については、書類による持ち回り協議を行い、次の常務会において承認を求めることができる。

（報　告）
第10条 社長は、常務会への付議事項および協議事項について、その実施経過および結果を常務会に報告するものとする。

（議事録）
第11条 常務会を開催したときは、そのつど、議事録を作成し、議事の経過および結果を記載し、出席者が署名捺印する。

（事務局）
第12条 常務会の事務は、総務課が所管する。
（付　則）この規程は、○○年○○月○○日から施行する。

第3章
印章・文書・名刺

第1節　印章管理規程
第2節　社内文書作成規程
第3節　文書保存規程
第4節　機密文書管理規程
第5節　名刺規程
第6節　身分証明書取扱規程
第7節　社員バッチ取扱規程

第1節 印章管理規程

1 規程の趣旨

　会社にとって、印章（印鑑）はきわめて重要である。印章を押すことによって、契約の履行、金銭の支払、財産の処分・譲渡など、さまざまな権利と義務を発生させるからである。印章を悪用されると、会社は大きな損害、被害を被る。

　会社は、印章管理について合理的なルールを決め、そのルールに基づいて印章を取り扱うことが必要である。印章の取扱い基準の明確化とその周知徹底は、重要なリスクマネジメントである。

2 規程の内容

（1）印章の種類
　会社で使用する印章の種類を決める。
（2）管理責任者
　印章ごとに、保管、押印の管理責任者を決める。
（3）押印の手続き
　印章の書類への押印を社員の自由に委ねるのは、大変危険である。合理的な手続きを明確にしておくべきである。

モデル規程

印章管理規程

(総　則)

第1条　この規程は、会社で使用する印章の取扱いを定める。

(印章の種類)

第2条　会社で使用する印章は、次のとおりとする。

　（1）代表取締役印

　（2）社印

　（3）銀行取引印

　（4）部門長印

　（5）部門印

(印章管理責任者)

第3条　印章の保管および押印の責任者は、次のとおりとする。

　（1）代表取締役印―――総務部長

　（2）社印―――総務部長

　（3）銀行取引印―――経理部長

　（4）部門長印―――各部門長

　（5）部門印―――各部門長

(申　請)

第4条　社員は、印章の押印を必要とするときは、印章管理責任者に申請するものとする。

(押　印)

第5条　印章の押印は、印章管理責任者が行う。ただし、印章管理責任者が不在のときは、あらかじめ定められた代行者が行う。

(押印簿)

第6条　印章管理責任者は、印章を押印したときは、押印簿に次の事項を正確に記載しなければならない。

　（1）押印日

（2）印章名
　（3）書類名
　（4）提出先
　（5）枚数
　（6）申請者（所属、氏名）
　（7）押印者

（事故報告）

第7条　印章管理責任者は、自己の管理する印章に盗難、紛失などの事故が起きたときは、速やかに総務部長に届け出なければならない。

（付　則）この規程は、○○年○○月○○日から施行する。

（様式）　　　　　　　　　押　印　簿

押印年月日	印章名	書類名	提出先	枚 数	申請者所属	氏　名	押印者

第2節 社内文書作成規程

1 規程の趣旨

　会社では、さまざまな文書が作成される。社員が所属長や会社に提出する報告書もあれば、会社から社員に流される通達や回覧もある。文書の作成基準が統一化されていないと、事務の効率性が著しく阻害される。会社は、文書の作成基準を明確にしておくことが望ましい。

2 規程の内容

（1）規程の適用範囲
　文書の作成基準を適用する文書の範囲を定める。官庁や銀行など、社外の機関に提出する文書は適用外とするのがよい。
（2）様式
　サイズはＡ4版、書き方は横書き、文体は口語体とするなど、様式を定める。
（3）必要記載事項
　文書には、件名、作成年月日、作成者の所属部署、氏名、発信先などを記載させる。
（4）作成要領
　文書の作成において留意すべき事項を定める。

（5）控の保存
発信文書については、控を取ることを原則とする。
（6）機密文書の取扱い
機密性の高い文書については、文書の上部に「秘密扱い」の文字を記載させる。

モデル規程

社内文書作成規程

（総　則）
第1条　この規程は、事務の合理化・効率化を図るため、社内で作成される文書の作成基準を定める。
　2　社員は、この規程を遵守して文書を作成しなければならない。
（適用範囲）
第2条　この規程は、報告書、稟議書、通達書、回覧書など、社内で作成される文書に適用する。ただし、次に掲げるものは除く。
　（1）社外の機関に提出する文書
　（2）社内の規程・規則
　（3）遅刻・早退届、年休届、欠勤届など、社員が会社に届け出るもの
（様　式）
第3条　文書の様式は、次のとおりとする。
　（1）サイズはA4版とする。
　（2）横書きとする。
　（3）文体は、口語体とする。
　（4）常用漢字、ひらがなおよび現代かなづかいによる。
　（5）数字は、算用数字とする。
　（6）楷書で簡明に作成する。
（必要記載事項）
第4条　文書には、次の事項を記載しなければならない。

（1）件名
（2）作成年月日
（3）作成者の所属部署、氏名
（4）発信先
（5）文書記番号

（作成要領）

第5条 文書の作成においては、次の事項に留意しなければならない。
（1）部署長の名前で発信するものについては、必ず部署長の決裁を得る。決裁を得た文書については、これを無断で修正してはならない。
（2）挨拶、敬語および前文は省略する。
（3）件名は簡明に表示する。一読して内容が分かるようにする。
（4）文書は平易に分かりやすく書く。難解な表現や語句は使わない。
（5）文書が2枚以上に渉るときは、ページ数を付す。
（6）文書の末尾には必ず「以上」の文字を記し、文書が終結した旨を明示する。
（7）添付資料のあるものについては、その旨を付記し、資料を添付する。
（8）1件につき1文書を原則とする。

（控の保存）

第6条 発信文書については、控を取ることを原則とする。

（機密文書の取扱い）

第7条 機密性の高い文書については、文書の上部に「秘密扱い」の文字を記す。

（作成部数）

第8条 文書は、必要部数だけ作成するものとする。必要部数を超えて作成してはならない。

（付　則）この規程は、〇〇年〇〇月〇〇日から施行する。

第3節 文書保存規程

1 規程の趣旨

　会社では、毎日さまざまな書類が作成される。契約書もあれば、見積書もある。報告書もあれば、会議の議事録もある。さらには、官庁へ提出する書類もある。会社の事務所は、「書類を作成する作業所」ともいえる。
　書類は増えるばかりであるから、適当に廃棄していかないと、書類の山となり、仕事の効率性が低下する。
　書類の必要性、性格、法律の規定などを総合的に勘案して、書類の保存期間を合理的に決め、書類の管理を行っていくことが望ましい。

2 規程の内容

(1) 保存期間
　書類の重要性を踏まえて、保存期間を具体的に決定する。保存期間は、「永久保存」「10年保存」「3年保存」「1年保存」というように、いくつかに区分して決めるのが合理的である。

(2) 廃棄の方法
　保存期間が過ぎた書類の取扱いが適切でないと、機密の漏洩などの問題が生じる。このため、廃棄の方法を決めておく。

モデル規程

文書保存規程

(総　則)
第1条　この規程は、文書の保存について定める。
(文書の保管)
第2条　各部門は、自らが作成または受理した文書を、翌年度1年間保管しておかなければならない。
2　保管期間が経過したときは、総務部に提出し、保存を求めるものとする。
(保存期間)
第3条　文書の保存期間は、次のとおりとする。
　(1) 永久保存
　　　①定款
　　　②株主総会、取締役会、その他重要な会議の議事録
　　　③会社の設立に関する書類
　　　④登記および訴訟に関する書類
　　　⑤事業方針および事業計画に関する重要書類
　　　⑥予算および決算に関する書類
　　　⑦重要な契約の締結、解除および変更に関する書類
　　　⑧重要な財産、権利の取得および喪失に関する書類
　　　⑨その他、永久に保存する必要のある書類
　(2) 10年保存
　　　①満期または解約となった契約書類
　　　②会計に関する諸帳簿および帳票類
　　　③営業に関する文書のうち重要なもの
　　　④研究、技術開発に関する文書のうち重要なもの
　　　⑤その他、前各号に準ずる書類

（3）3年保存
　　①通常の往復文書
　　②比較的重要な社内通達文書
　　③その他、前各号に準ずる書類
（4）1年保存
　　①軽易な往復文書
　　②一時の処理にとどまる書類、帳簿および帳票
　　③その他、前各号に準ずる書類

（保存期間の算定）
第4条　保存期間は、保管期間を経過した日から起算する。
（保存期間の決定）
第5条　保存期間の決定は、文書を作成または受理した部門の長がこれを行う。
（文書の保存）
第6条　文書の保存は、総務部において行う。
（保存期間の変更）
第7条　各部門の長は、総務部長に申し出ることによって、保存期間を短縮または延長することができる。
（保存中の文書の閲覧）
第8条　各部門は、業務の必要により保存中の文書を閲覧するときは、総務部長に申し出るものとする。
（保存文書の廃棄）
第9条　保存期間を経過した文書は、総務部において廃棄する。文書の廃棄は、機密の漏洩および悪用を防ぐため、焼却による。

（付　則）この規程は、〇〇年〇〇月〇〇日から施行する。

第4節 機密文書管理規程

1 規程の趣旨

　文書の中には、機密性がきわめて高いものがある。機密文書が他に漏れると、当然のことながら経営に大きな支障が生じる。このため、機密文書の取扱い基準を規程として取りまとめておくことが望ましい。

2 規程の内容

(1) 機密文書の区分
　一口に「機密文書」といっても、その機密の度合いは書類によって異なる。このため、機密文書をその機密度に応じて、「極秘」「秘」「社外秘」など、2つか3つに区分するのが合理的・現実的である。
(2) 機密文書の表示方法
　その文書が機密文書であることをどのように表示するのかを定める。
(3) 保管責任者
　機密文書の保管責任者を明確にしておく。
(4) 保管責任者
　機密文書の保管方法を定める。

(5) 懲戒処分

不正に機密文書にアクセスした者を懲戒処分に付すことを明確にしておく。

モデル規程

機密文書管理規程

（総　則）
第1条　この規程は、機密文書の取扱いを定める。
（定　義）
第2条　この規程において「機密文書」とは、経営上きわめて重要で、その内容が他に漏れると経営に重大な支障が生じる情報が記載されている文書をいう。
（区　分）
第3条　機密文書は、その機密度に応じて、次の3つに区分する。
　（1）極秘文書――経営上きわめて重要で、かつ、秘密を保つ必要がある文書で、次のいずれかに該当するもの
　　　　　　　　　①会社のきわめて重要な政策、方針を記載した文書
　　　　　　　　　②他社との協定、契約または申し合わせにより、当事者以外に公表することが禁止されているもの
　（2）秘文書―――会社の重要な政策または営業、人事、経理、技術、研究開発などの機密に属する事項が記載されている文書
　（3）社外秘文書―会社の政策を記載した文書、諸統計、調査資料などで、経営上、社外の者に公表することが適切でないもの。社外の者に知られると、経営に支障が出るおそれがあるもの

（区分の決定）
第4条　文書を機密扱いとすることおよび機密文書の区分の決定は、そ

の文書を作成した部門の長が行う。

（区分の朱記）

第5条　部門の長は、作成した文書について機密扱いとすることを決定したときは、その区分を文書の表紙または1ページ目に朱記しなければならない。

（保管責任者）

第6条　機密文書の保管責任者は、その機密文書を作成した部門の長とする。

（保管場所）

第7条　保管責任者は、機密文書を鍵のかかる金属製保管庫に保管しておかなければならない。

2　機密文書の複写を保有している者も、同様の取扱いをしなければならない。

（点検の義務）

第8条　保管責任者は、機密文書が確実に保管されているかどうかを定期的に点検しなければならない。

（引継の義務）

第9条　保管責任者は、人事異動で他部門へ異動するとき、または退職するときは、会社が指定した後任者との間において、機密文書の引継を確実に行わなければならない。

（閲覧・複写の手続き）

第10条　社員は、業務上の必要によって機密文書を閲覧または複写するときは、あらかじめ保管責任者に次の事項を申し出て、その許可を得なければならない。

　（1）所属、氏名
　（2）機密文書の名称
　（3）閲覧または複写する目的
　（4）閲覧または複写する日時

2　機密文書を複写したときは、その取扱いに十分注意しなければならない。

(懲戒処分)
第11条 会社は、前条に定める手続きを経ることなく機密文書を閲覧または複写した者、もしくは閲覧または複写しようとした者を、その情状により懲戒処分（訓戒、減給、出勤停止または懲戒解雇）に付する。

(付　則) この規程は、○○年○○月○○日から施行する。

第5節 名刺規程

1 規程の趣旨

　ビジネスは、名刺の交換からスタートする。名刺が果す役割には、きわめて大きいものがある。
　名刺については、そのデザイン、記載事項、紙質などを社員個人の裁量に委ね、印刷費用も個人に負担させている会社がある。しかし、名刺の果す役割が大きいことを考慮すると、デザイン、記載事項、紙質などを全社的に統一し、印刷費用も会社が負担することが望ましい。

2 規程の内容

（1）名刺のデザイン、記載事項
　名刺のデザイン、紙質、大きさ、記載事項は、会社で統一することを明確にする。
（2）統一名刺の使用義務
　社員は、業務においては、会社が作成し交付する統一名刺を使用しなければならないものとする。
（3）交付基準
　社員に対する名刺の交付基準を定める。
（4）使用上の心得

「業務上の必要に限って使用すること」「個人的な目的では使用しないこと」など、使用上の心得を明確にしておく。

モデル規程

名刺規程

（総　則）
第1条　この規程は、社員の名刺の取扱いについて定める。
（名刺の使用義務）
第2条　社員は、業務においては、会社が作成し交付する統一名刺を使用しなければならない。
（名刺のデザインなど）
第3条　統一名刺の規格、デザイン、紙質などは別に定める。
（名刺の記載事項）
第4条　名刺には、次の事項を記載する。
　（1）会社名
　（2）所属
　（3）役職
　（4）氏名
　（5）会社所在地、郵便番号、電話番号、FAX番号、Eメールアドレス
（交　付）
第5条　会社は、次の場合に1人につき100枚交付する。その後は、本人の請求に基づき、1回につき100枚宛交付する。
　（1）採用したとき
　（2）人事異動で新しい部署に赴任したとき
　（3）役職が変更になったとき
２　社員は、自己の保有する枚数が少なくなったときは、適宜総務部に申請するものとする。

（使用上の心得）
第6条 社員は、名刺の使用について次の事項に留意しなければならない。
　（1）業務上の必要に限って使用すること
　（2）個人的な目的では使用しないこと
　（3）いつでも交換できるように携帯していること
（所　管）
第7条 名刺に関する事務は、総務課で執り行う。

（付　則）この規程は、〇〇年〇〇月〇〇日から施行する。

第6節 身分証明書取扱規程

1 規程の趣旨

　身分証明書は、本人が社員であることを証明するものであるから、きわめて重要である。社員に対して身分証明書を交付している会社は、その取扱い基準を明確にしておくことが望ましい。

2 規程の内容

（1）携帯義務
　社員に対し、業務に従事するときは、常に身分証明書を携帯することを義務づける。
（2）入館・退館時の提示
　社員に対し、会社の建物に入るときおよび出るときは、警備員に身分証明書を提示することを求める。
（3）貸与の禁止
　身分証明書を他人に貸与することを禁止する。
（4）退職時の返却
　会社を退職するときは身分証明書を返却すべきことを定める。

モデル規程

身分証明書取扱規程

(総　則)
第1条　この規程は、身分証明書の取扱いを定める。
(携帯義務)
第2条　社員は、業務に従事するときは、常に身分証明書を携帯していなければならない。
(入館・退館時の提示)
第3条　社員は、会社の建物に入るときおよび出るときは、警備員に身分証明書を提示しなければならない。
2　身分証明書を携帯していない者については、会社の建物への立ち入りを禁止することがある。
(記載事項書き替えの禁止)
第4条　社員は、身分証明書に記載されている事項を書き替えてはならない。
(貸与の禁止)
第5条　社員は、身分証明書を他人に貸与してはならない。
(届　出)
第6条　社員は、身分証明書を紛失または盗まれたときは、会社に届け出なければならない。
(返　却)
第7条　社員は、退職するときは、会社に身分証明書を返却しなければならない。

(付　則)　この規程は、〇〇年〇〇月〇〇日から施行する。

第7節 社員バッチ取扱規程

1 規程の趣旨

　社員バッチは、会社に所属する者であることを象徴するものである。会社にとっても、社員にとっても、重要である。また、外部からの訪問者は、バッチを見ることにより、社員であることを確認することができる。
　社員バッチを制定し、これを社員に貸与している会社は、その取扱い基準を明確にしておくことが望ましい。

2 規程の内容

(1) 着用義務
　社員に対し、業務に従事するときは、常に社員バッチをきちんと着用していることを義務づける。
(2) 貸与の禁止
　社員に対し、社員バッチを他人に貸与することを禁止する。
(3) 退職時の返却
　会社を退職するときは、社員バッチを返却しなければならない旨定める。

モデル規程

社員バッチ取扱規程

(総　則)
第1条　この規程は、社員バッチの取扱いを定める。
(貸　与)
第2条　会社は、社員に対し、採用したときに社員バッチ1個を貸与する。
(着用義務)
第3条　社員は、業務に従事するときは、常に社員バッチを着用していなければならない。
2　着用個所は、次のとおりとする。
　　男子　　　上着左襟
　　女子　　　上着左襟または左胸部
(貸与の禁止)
第4条　社員は、社員バッチを他人に貸与してはならない。
(届　出)
第5条　社員は、社員バッチを紛失または盗まれたときは、会社に届け出なければならない。
(返　却)
第6条　社員は、退職するときは、会社に社員バッチを返却しなければならない。

(付　則)　この規程は、○○年○○月○○日から施行する。

第4章
事務用品・携帯電話・郵便・会議室

第1節　事務用品購入規程
第2節　事務機器管理規程
第3節　事務機器リース規程
第4節　携帯電話貸与規程
第5節　社員携帯電話使用規程
第6節　郵便・宅配便規程
第7節　定期刊行物購読規程
第8節　会議室・応接室利用規程
第9節　タクシー利用規程
第10節　廃棄物処理規程

第1節 事務用品購入規程

1 規程の趣旨

　筆記具・コピー用紙・ホッチキス・鋏・クリップなどの事務用品は、その単価が安いこともあり、取扱いがとかくルーズになりやすい。事務の合理化・効率化、経費の節約という観点からすると、事務用品の購入額が比較的多い会社では、その購入の取扱い基準を定めておくことが望ましい。

2 規程の内容

（1）購入部門
　事務用品は、全社的、かつ、日常的に使用するものである。このため、総務部などで一括して購入するのが合理的である。

（2）購入の基準
　一つひとつの事務用品について、その使用状況を勘案して最低在庫を決めておき、実際の在庫が最低在庫を下回ったときに購入することにするのが適切である。

（3）受取りの方法
　各課は、事務用品を必要とするときは、総務課に申し出て必要量を受け取るものとする。

（4）受払いの記録

総務課は、事務用品の受払いを記録しておくものとする。

モデル規程

事務用品購入規程

（総　則）
第1条　この規程は、事務用品の購入について定める。
（購入部門）
第2条　事務用品は、総務課で一括購入する。
（購入の基準）
第3条　総務課は、事務用品について個別に最低在庫量を決定しておき、在庫がその最低在庫量に達したときに購入する。
（購入量）
第4条　1回当たりの購入量は、原則としてその事務用品の1カ月平均の使用量とする。
（購入先）
第5条　購入先は、そのつど決定する。
（受取りの方法）
第6条　各課は、事務用品を必要とするときは、総務課に申し出て必要量を受け取るものとする。
（受払いの記録）
第7条　総務課は、事務用品の受払いを「事務用品受払簿」に記録するものとする。
（新規事務用品の購入）
第8条　各課は、会社がこれまでに購入したことのない新規の事務用品の購入を希望するときは、その旨を総務課に申し出ることができる。
2　総務課は、他の課から新規の事務用品の購入について申し出があったときは、その必要性を審査して購入の可否を決定する。

（付　則）この規程は、○○年○○月○○日から施行する。

（様式）　　　　　　　　**事務用品受払簿**

事務用品受払簿									
名　称	種　類	購入月日	購入量	払出日	払出量	払出先	残数量	備　考

第2節 事務機器管理規程

1 規程の趣旨

　ビジネスを効率的に進めていくうえで、パソコン・FAX・コピー機などの事務機器は必要不可欠である。しかし、管理の方法が適切でないと、必要以上の台数を購入したり、あまりにも高性能の機種を導入したりするなどして、経費増を招く。
　経費増を防ぐためには、事務機器の購入・管理について、合理的な基準を定めることが望ましい。

2 規程の内容

（1）管理部門
　事務機器の管理体制を明確にする。一般的にいえば、総務部が統括管理（購入、配備、修理依頼および廃棄）を行い、各部が日常の管理を行うのが適切である。
（2）統括管理の留意事項
　総務部は、事務機器の統括管理に当たっては、「事務の効率化・合理化」と「税務処理との関連性」に留意すべきことを明確にする。
（3）事務機器管理台帳
　総務部は、「事務機器管理台帳」を作成し、事務機器の名称、

機種、メーカー、購入先、購入金額、配備先、配備年月日および廃棄年月日などの事項を記載するものとする。
（4）購入・配備
　事務機器は、総務部において一括購入し、各部に配備する。なお、総務部は、事務機器の購入および配備について、できる限り各部の意見を尊重するものとする。
（5）使用上の心得
　各部に対し、事務機器を有効に活用して事務の効率化・合理化を図ることを求める。

モデル規程

事務機器管理規程

（総　則）
第1条　この規程は、事務機器の管理について定める。
（適用範囲）
第2条　この規程は、すべての事務機器に適用する。
（管理部門）
第3条　事務機器については、総務部が統括管理（購入、配備、修理依頼および廃棄）を行い、各部が日常の管理を行うものとする。
（統括管理の留意事項）
第4条　総務部は、事務機器の統括管理に当たっては、次の事項に十分留意しなければならない。
　（1）事務の効率化・合理化
　（2）税務処理との関連性
（事務機器管理台帳）
第5条　総務部は、「事務機器管理台帳」を作成する。
　2　事務機器管理台帳には、事務機器の名称、機種、メーカー、購入先、

購入年月日、購入金額、配備先、配備年月日、および廃棄年月日などの事項を記載するものとする。

（購入・配備）
第6条 事務機器は、総務部において一括購入し、各部に配備する。
2　総務部は、事務機器の購入および配備について、できる限り各部の意見を尊重するものとする。
3　総務部は、必要に応じ、事務機器をリースする。

（使用上の心得）
第7条 各部は、事務機器を有効に活用して事務の効率化・合理化を図らなければならない。

（届　出）
第8条 各部は、次の場合には、総務部に届け出なければならない。
（1）事務機器が故障したとき。正常に作動しないとき
（2）事務機器が盗難に遭ったとき
（3）その他、事務機器の使用について不都合が生じたとき

（修理依頼）
第9条 業者に対する事務機器の修理依頼は、総務部が行う。

（廃　棄）
第10条 事務機器の廃棄は、総務部において行う。
2　総務部は、事務機器の廃棄について、できる限り各部の意見を尊重するものとする。

（付　則）この規程は、〇〇年〇〇月〇〇日から施行する。

(様式)　　　　　　　　　　　**事務機器管理台帳**

<table>
<tr><td colspan="9" align="center">事務機器管理台帳</td></tr>
<tr><th>名　称</th><th>機種・メーカー</th><th>購入年月　日</th><th>購入先</th><th>購入金額</th><th>配備先</th><th>配備年月　日</th><th>廃棄年月　日</th><th>備考</th></tr>
<tr><td></td><td></td><td></td><td></td><td></td><td></td><td></td><td></td><td></td></tr>
<tr><td></td><td></td><td></td><td></td><td></td><td></td><td></td><td></td><td></td></tr>
<tr><td></td><td></td><td></td><td></td><td></td><td></td><td></td><td></td><td></td></tr>
<tr><td></td><td></td><td></td><td></td><td></td><td></td><td></td><td></td><td></td></tr>
<tr><td></td><td></td><td></td><td></td><td></td><td></td><td></td><td></td><td></td></tr>
<tr><td></td><td></td><td></td><td></td><td></td><td></td><td></td><td></td><td></td></tr>
<tr><td></td><td></td><td></td><td></td><td></td><td></td><td></td><td></td><td></td></tr>
<tr><td></td><td></td><td></td><td></td><td></td><td></td><td></td><td></td><td></td></tr>
<tr><td></td><td></td><td></td><td></td><td></td><td></td><td></td><td></td><td></td></tr>
<tr><td></td><td></td><td></td><td></td><td></td><td></td><td></td><td></td><td></td></tr>
</table>

第3節 事務機器リース規程

1 規程の趣旨

　事務機器のリースは、「一時的に多額の費用を支払わないですむ」「リース料金は全額損金として処理できるので節税になる」などのメリットがある。使いたい物件をリース会社に申し込めば、リース会社がメーカーなどから調達して提供してくれる。事務機器をリースするときは、その取扱い基準を定めておくことが望ましい。

2 規程の内容

（1）リースする事務機器の種類など
　リースする事務機器の種類、機種、台数およびリース期間は、総務部長が関係各部の部長の意見を聴いて決定する。
（2）リース会社の選択基準
　リース会社は、社会的な信用度、リースの実績、経営の安定性およびリース料金の合理性などを総合的に評価して決定する。
（3）リース契約の締結
　リース会社との間において、物件名、リース期間、リース料金等について契約を締結する。
（4）リース物件台帳

第4章　事務用品・携帯電話・郵便・会議室

　総務部長は、リースした事務機器について「リース物件管理台帳」を作成し、これを保管しておくものとする。

モデル規程

事務機器リース規程

（総　則）
第1条　この規程は、事務機器のリースについて定める。
（事務機器のリース）
第2条　会社は、業務上必要であると認めたときは、事務機器をリースする。
2　リースする事務機器の種類、機種、台数およびリース期間は、総務部長が関係各部の部長の意見を聴いて決定する。
（総務部長への申出）
第3条　各部長は、業務を円滑に遂行するうえで事務機器を必要とするときは、総務部長に対し、その機器のリースを申し出ることができる。
（リース会社の選択基準）
第4条　総務部長は、次の事項を総合的に評価してリース先を選択するものとする。
　（1）社会的な信用度
　（2）リースの実績
　（3）経営の安定性
　（4）リース料金の合理性
（リース契約）
第5条　総務部長は、事務機器をリースするときは、リース会社との間において、物件名、リース期間、リース料金などについて契約を締結する。
（リース料金の支払い）
第6条　リース料金の支払いは、総務部において行う。

4.3 事務機器リース規程

（設置場所）
第7条 リースした事務機器の設置場所は、総務部長が関係各部の部長の意見を聴いて決定する。

（リース物件台帳）
第8条 総務部長は、リースした事務機器について「リース物件管理台帳」を作成し、これを保管しておかなければならない。

（所　管）
第9条 事務機器のリースにかかる事務は、総務部長の所管とする。

（付　則）この規程は、〇〇年〇〇月〇〇日から施行する。

（様式）　　　　　　　　リース物件管理台帳

リース物件管理台帳	
物　件　名	
リース会社	
契約書番号	
リース期間	年　月　日～　　年　月　日（　　ヶ月）
リース料金	
料金支払方法	
設　置　場　所	
備　　　考	

第4節 携帯電話貸与規程

1 趣旨の趣旨

　携帯電話は、いつでも、また、どこででも自由にかけられるので、きわめて便利である。機能も、年々向上していて、業務の効率化にとって必要不可欠である。しかし、「私用」が多いという問題がある。社員に携帯電話を貸与し、業務の効率化を図っている会社では、その取扱い基準を明文化しておくことが望ましい。

2 規程の内容

（1）貸与の対象者
　貸与の対象者は、「業務上携帯電話を必要とし、かつ、会社が認めた者」とする。
（2）持ち帰りの禁止
　自宅への持ち帰りは私用につながる。このため、終業後や休日に自宅へ持ち帰ることを原則的に中止する。
（3）私用分の本人払い
　電話会社から利用明細書を取り寄せて内容をチェックし、私用分は本人に支払わせる。

モデル規程

携帯電話貸与規程

（総　則）
第1条 この規程は、会社の携帯電話の社員への貸与について定める。
（貸与の対象者）
第2条 会社は、業務上携帯電話を必要とし、かつ、会社が認めた者に携帯電話を貸与する。
（使用上の心得）
第3条 携帯電話を貸与された者は、使用に当たり、特に次の事項に留意しなければならない。
（1）通話は、簡潔にすること。通話が長引くことが予想されるときは、一般電話を利用すること
（2）使用に当たっては最低限のマナーを守ること。病院など使用が禁止されている場所では、絶対に使用しないこと
（3）取引先との商談中は電源を切っておくこと
（4）自動車運転中は原則として電源を切っておくこと。やむを得ず使用するときは、安全な場所に自動車を停車させてから通話すること
（5）私用では絶対に使用しないこと
（6）他人に使用させたり、貸与したりしないこと
（自宅への持ち帰り）
第4条 携帯電話を自宅に持ち帰ることは、原則として禁止する。やむを得ず持ち帰るときは、あらかじめ会社の許可を得なければならない。
（私用分の支払）
第5条 私用分の料金は、会社へ支払わなければならない。
（破損、紛失）
第6条 使用者の不注意によって携帯電話を破損させたり、紛失したり、

あるいは盗まれたりしたときは、直ちに会社に届け出るとともに、その実費を弁償しなければならない。
（貸与の中止）
第7条　携帯電話の貸与を受けている者が、この規程に違反したときは、貸与を中止することがある。

（付　則）この規程は、〇〇年〇〇月〇〇日から施行する。

第5節 社員携帯電話使用規程

1 規程の趣旨

　社員個人の携帯電話を業務で使用させている会社が増えている。個人電話の業務使用は、会社の通信費負担の節約という効果もあるが、公私混同の助長という問題点もある。このような会社の場合は、その取扱い基準を明文化しておくことが望ましい。

2 規程の内容

（1）対象者の範囲
　個人の携帯電話を業務で使うことができる者は、「会社が認めた者」に限定するのが適切である。
（2）手当の支給
　携帯電話は、確かに便利ではあるが、利用料金が一般電話に比較して割高である。このため、一定の携帯電話手当を支給するのが適切である。
　携帯電話手当の決め方には、
　　・実費相当額を支給する
　　・一定額を支給する
などがある。社員によって使用頻度に大きな差がないときは「定額方式」、大きな差があるときは「実費方式」を採用するのが合理

的で、社員の理解も得やすい。
(3) 会社の責任の範囲
　携帯電話の所有者は社員である。このため、電話会社に対する利用料金の支払や、電話機の置き忘れや損傷などについては、会社としていっさい責任を負わないことを明確にしておく。

> モデル規程

社員携帯電話使用規程

（総　則）
第1条　この規程は、社員の携帯電話を業務で使用することについて定める。
（業務使用）
第2条　会社は、携帯電話の使用が業務上必要である社員について、個人の携帯電話を業務において使用することを認める。
（認定の条件）
第3条　個人の携帯電話の業務使用を認めるのは、次の条件をすべて満たす者とする。
　（1）対外的な業務に従事していること
　（2）電話を掛ける頻度が多いこと
　（3）電話の有効利用が業務の効率化につながること
（使用上の心得）
第4条　社員は、携帯電話を業務で使用するに当たり、次の事項に留意しなければならない。
　（1）使用に際しては最低限のマナーを守ること。病院など使用が禁止されている場所では使用しないこと
　（2）自動車の運転中はかけないこと。やむを得ずかけるときは、安全な場所に停車させてからかけること
　（3）早朝、深夜および休日は、相手に迷惑をかけるため、原則とし

てかけないこと
（携帯電話手当）
第5条　会社は、個人の携帯電話を業務で使用することを認めた者に対し、携帯電話手当を支給する。手当の額は次のとおりとする。
　　　携帯電話手当　　　1カ月〇千円
（会社の責任）
第6条　会社は、次に掲げる事項については、いっさい責任を負わない。
　（1）携帯電話会社に対する使用料金の支払い
　（2）携帯電話の置き忘れ、盗難、損傷
　（3）その他、所有者が責任を持つべきこと
（携帯電話使用の禁止）
第7条　携帯電話を業務で使用することが認められていない社員は、勤務時間中に携帯電話を使用してはならない。

（付　則）この規程は、〇〇年〇〇月〇〇日から施行する。

第6節 郵便・宅配便規程

1 規程の趣旨

　会社は、業務に関してさまざまな郵便物を発信したり、受信したりする。また、宅配便で物品を送ったり、受け取ったりすることもある。
　郵便物や宅配便の取扱い点数が多い会社は、事務の合理化・効率化のため、その取扱い基準を定めるのがよい。

2 規程の内容

（1）一括代行
　各部門の郵便物の発信・受信および宅配便の発送・受取りについては、総務課が一括して代行するのがよい。

（2）受付締切り時刻
　業務の効率化を図るため、勤務時間帯を踏まえて、あらかじめ総務課の受付締切り時刻を定めておく。

（3）発信簿
　総務課は、各部門から受付けた郵便物および宅配便について、その宛先を発信簿に記載するものとする。

モデル規程

郵便・宅配便規程

（総　則）
第1条　この規程は、会社の郵便物および宅配便の取扱いについて定める。

（一括代行）
第2条　各部門の郵便物の発信・受信および宅配便の発送・受取りについては、総務課が一括して代行する。
2　各部門は、やむを得ない事情で総務課を経由することなく郵便物を発信するとき、または宅配便を送るときは、あらかじめ総務課に届け出なければならない。

（発信・発送物の持込み）
第3条　各部門は、社外へ発信する郵便物または社外へ発送する物品があるときは、総務課へ持ち込むものとする。
2　郵便物については、宛先を明記し、かつ、「普通郵便」「速達」「書留」「配達証明」「内容証明」「配達記録」「配達日指定」「その他」の区分を申し出なければならない。普通郵便で発信しても差し支えないものは、普通郵便で発信しなければならない。
3　宅配便については、所定の伝票に必要事項を記載し、かつ、梱包を厳重に行わなければならない。

（受付締切り時刻）
第4条　総務課の受付締切り時刻は、次のとおりとする。
　（1）午前11時
　（2）午後4時

（発信簿）
第5条　総務課は、各部門から受け付けた郵便物および宅配便について、その宛先を発信簿に記載するものとする。

第4章　事務用品・携帯電話・郵便・会議室

（郵便・宅配便の受取り）
第6条　社外からの郵便物および宅配便については、総務課で一括して受取り、ただちに宛先に明記された部門へ手渡すものとする。
2　宛先の部門が明記されていないものおよび不明であるものは、総務課で開封する。

（不審な郵便物・宅配便の取扱い）
第7条　会社は、不審な郵便物および宅配便については、これを受け取らず、開封しないものとする。
2　不審な郵便物は、これを郵便局に返却する。
3　不審な宅配便は、これを宅配業者に返却する。

（受理が好ましくないものの取扱い）
第8条　先方が会社に勝手に送りつけたもので、受理しないほうが適切であると判断される郵便物および宅配便についても、前条で定める措置を講じるものとする。

（経費の節減）
第9条　各部門は、郵便料金および宅配料金の節減に努めなければならない。
2　総務課は、郵便料金および宅配料金の節減のために必要であると認めるときは、各部門に対して所要の要請を出すことができる。

（付　則）この規程は、〇〇年〇〇月〇〇日から施行する。

第7節 定期刊行物購読規程

1 規程の趣旨

会社では、情報の収集を主たる目的として、新聞、雑誌などの定期刊行物を購入する。1つの新聞、雑誌の購読料は比較的少額であるが、会社全体としてみると相当の金額になる。このため、定期刊行物の購読について一定の基準を作成し、経費の適正化・合理化を図ることが望ましい。

2 規程の内容

(1) 購読部数
　購読部数は、原則として、1つの新聞、雑誌につき1部とする。なお、業務の効率化のため、新聞、雑誌は、課ごとに購読するものとする。

(2) 社長の決裁
　購読費の増加に歯止めをかけるため、年間購読料が一定額を超えるものを購読するときは、社長または役員の決裁を必要とすることにする。

(3) 購読の必要性の見直し
　定期刊行物については、業務上の必要性が低下してもこれまでどおり購読を続けるというケースがしばしば見られる。これは、

明らかに経費の無駄である。そこで、「購読している定期刊行物について、業務上の必要性を随時見直し、必要性が低下したと判断されるときは、直ちに購読を中止しなければならない」と明記する。

モデル規程

定期刊行物購読規程

（総　則）
第1条　この規程は、新聞、雑誌などの定期刊行物の購読について定める。
（購　読）
第2条　各課は、業務上必要であるときは、定期刊行物を購読できる。
（購読部数）
第3条　購読部数は、各課ごとに、1つの定期刊行物につき1部とする。
（社長決裁）
第4条　各課は、年間購読料が5万円を超える定期刊行物を購読するときは、あらかじめ社長の決裁を得なければならない。
（購読料の払込）
第5条　購読料の払込は、経理課において一括して行う。
（必要性の見直し）
第6条　各課は、購読している定期刊行物について、その業務上の必要性を随時見直さなければならない。
2　業務上の必要性が低下したと判断されるときは、直ちに購読を中止しなければならない。

（付　則）この規程は、〇〇年〇〇月〇〇日から施行する。

第8節 会議室・応接室利用規程

1 規程の趣旨

　会議室・応接室は、業務を円滑に遂行するうえで必要である。また、会社にとって会議室・応接室は貴重なスペースであるから、少しでも効果的に利用されなければならない。
　会議室・応接室を有する会社は、その利用について一定の基準を定めておくことが望ましい。

2 規程の内容

（1）届出
　会議室・応接室を利用するときは、あらかじめ日時と目的を総務課に届けさせる。
（2）利用者の心得
　「あらかじめ届け出ていた時間がきたら部屋を空けること」「部屋を空けるときは、元の状態に戻しておくこと」など、会議室・応接室を利用する者の心得を定める。
（3）業務以外での利用禁止
　業務以外の目的で会議室・応接室を利用することを禁止する。
（4）湯茶サービスの取扱い
　会議出席者、来客者への湯茶サービスの取扱いを定める。

モデル規程

会議室・応接室利用規程

（総　則）
第1条　この規程は、会議室・応接室の利用基準について定める。
（届　出）
第2条　社員は、会議室・応接室を利用するときは、あらかじめ次の事項を総務課に届け出なければならない。
　（1）利用する日時
　（2）目的
　2　届出において利用時間の全部あるいは一部が重複したときは、総務課で調整するものとする。
（利用心得）
第3条　会議室・応接室を利用する者は、次の事項に留意しなければならない。
　（1）利用中は、入口に「利用中」のプレートを掛けておくこと
　（2）あらかじめ届け出ていた時間がきたら部屋を空けること
　（3）部屋を空けるときは、元の状態に戻しておくこと
（湯茶のサービス）
第4条　会議出席者または来客者への湯茶のサービスは、会議室または応接室を利用する部門の社員が行うものとする。
（禁止事項）
第5条　社員は、業務以外の目的で会議室・応接室を利用してはならない。
（所　管）
第6条　会議室・応接室の所管は、総務課とする。

（付　則）この規程は、○○年○○月○○日から施行する。

第9節 タクシー利用規程

1 規程の趣旨

　タクシーは、行きたいときに行きたいところへいけるので、とても便利である。業務の効率化を図れる。しかし、バス、電車などの公共交通機関に比べると料金が高いため、その利用を自由に認めると、経費がかさむ。会社は、タクシーの利用について合理的な基準を定めることが望ましい。

2 規程の内容

（1）タクシー利用の条件
　「目的地に急行しなければならないとき」「公共交通機関の便の良くない所へ行くとき」など、タクシーを利用できる条件を定める。
（2）利用の手続き
　タクシーを利用するときは、あらかじめ日時、行き先、理由などを会社に申し出てその許可を得なければならないことにする。
（3）料金の清算方法
　タクシー料金の清算方法、支払方法を定める。タクシー券を利用している会社は、その取扱い基準、交付基準を定める。
（4）利用上の留意事項
　タクシーを利用するときに留意すべき事項を定める。

モデル規程

タクシー利用規程

（総　則）
第1条　この規程は、タクシーの利用基準を定める。
（公共機関利用の原則）
第2条　社員は、社外において業務に従事するときは、原則として電車、バスなどの公共交通機関を利用するものとする。
（タクシー利用の条件）
第3条　前条の定めにかかわらず、次のいずれかに該当するときは、タクシーを利用することができる。
　（1）目的地に急行しなければならないとき
　（2）公共交通機関の便のよくない所へ行くとき
　（3）大量の物品を携行するとき
　（4）重要な取引先を案内するとき
　（5）その他、タクシーを利用することについて合理的な理由があるとき
（利用の手続き）
第4条　社員は、タクシーを利用するときは、あらかじめ次の事項を上司に申し出てその許可を得なければならない。やむを得ない事情によって事前に申し出ることができないときは、事後速やかに申し出なければならない。
　（1）利用する日時
　（2）目的地・行き先
　（3）タクシーを利用しなければならない理由
（料金の清算方法）
第5条　タクシー料金は、社員が立替払いし、利用後に会社に請求するものとする。ただし、必要と認めるときは、料金見込み額を仮払いす

ることがある。
2　料金の仮払いを受けた者は、利用後速やかに清算しなければならない。

（タクシー券）
第6条　会社は、必要と認めるときは、タクシーを利用する者にタクシー券を交付することがある。

（留意事項）
第7条　タクシーを利用するときは、次の事項に留意しなければならない。
　（1）運転手に対し、最短の経路を選択して目的地に行くよう指示すること
　（2）業務の都合でタクシーを待たせるときは、待ち時間を最小にするように努めること
　（3）業務に関係のない者を同乗させないこと
　（4）乗客としてのマナーを守ること

（付　則）　この規程は、○○年○○月○○日から施行する。

第4章　事務用品・携帯電話・郵便・会議室

第10節　廃棄物処理規程

1　規程の趣旨

　会社は、人が集まって仕事をする場所であるから、必然的に廃棄物（ゴミ）が発生する。生産・販売のプロセスで発生する廃棄物もあれば、社員が発生させる生活系のゴミもある。
　会社は、廃棄物処理法の定めるところにより、廃棄物を処理しなければならない。このため、処理の基準を定めておくことが望ましい。

2　規程の内容

（1）処理の区分
　会社の業務の実態に即して、廃棄物処理の区分を定める。
（2）産業廃棄物処理業者の利用
　廃棄物の処理は許可業者に依頼して行うことにする。
（3）特定廃棄物の処理
　家電4品目（テレビ、エアコン、洗濯機、冷蔵庫）の廃棄については、特定家庭用機器再商品化法の定めるところにより、販売店に引取りを求める。
　また、パソコンおよび標準付属品については、資源有効利用促進法の定めるところにより、販売店に引取りを求める。

(4) 産業廃棄物管理票

処理を委託した業者から「産業廃棄物管理票(マニュフェスト)」の提出を求め、これを5年間保存する。

(5) ゴミ入れの設置

社員が捨てる生活系のゴミを適切に処理するため、職場ごとにゴミ入れを設置する。ゴミ入れは、一般可燃ゴミおよび資源ゴミ(紙類、ビン、カン、ペットボトル、プラスティック類、衣類)に区分して設置するものとする。

(6) ゴミの廃棄

社員に対し、日常の業務において発生する一般可燃ゴミおよび資源ゴミについては、発生したつど、職場ごとに設置されたゴミ入れに捨てることを求める。

一般可燃ゴミおよび資源ゴミ以外の廃棄物については、発生したつど、会社が指定した場所に搬入させる。

モデル規程

廃棄物処理規程

(総　則)

第1条　この規程は、会社で発生する産業廃棄物の処理について定める。

(廃棄物の適正処理)

第2条　会社は、廃棄物処理法の定めるところにより、産業廃棄物を適正に処理する。

(処理の区分)

第3条　会社は、資源のリサイクルに協力するため、次の区分にしたがって産業廃棄物を処理する。

（1）一般可燃ゴミ
（2）資源ゴミ

①書類・新聞・雑誌・本・その他の紙類
②ビン
③カン
④ペットボトル
⑤プラスチック類
⑥衣類
（3）パソコン・本体標準付属品
（4）その他

（産業廃棄物処理業者の利用）
第4条 会社は、産業廃棄物処理の許可業者に廃棄物の処理を依頼する。
（特定廃棄物の処理）
第5条 前条の規定にかかわらず、廃棄する家電4品目（テレビ、エアコン、洗濯機、冷蔵庫）については、特定家庭用機器再商品化法の定めるところにより、販売店に引取りを求める。
2　廃棄するパソコンおよび標準付属品については、資源有効利用促進法の定めるところにより、販売店に引取りを求める。
（産業廃棄物管理票）
第6条 会社は、会社が処理を委託した業者から「産業廃棄物管理票（マニュフェスト）」の提出を求め、これを5年間保存する。
（ゴミ入れの設置）
第7条 会社は、職場ごとにゴミ入れを設置する。ゴミ入れは、一般可燃ゴミおよび資源ゴミ（紙類、ビン、カン、ペットボトル、プラスチック類、衣類）に区分して設置するものとする。
（廃棄区分）
第8条 社員は、日常の業務において発生する一般可燃ゴミおよび資源ゴミについては、発生したつど、職場ごとに設置されたゴミ入れに捨てなければならない。
2　一般可燃ゴミおよび資源ゴミ以外の廃棄物については、発生したつど、総務課が指定した場所に搬入しなければならない。
（回収、引渡し）

第9条 総務課は、各職場から一般可燃ゴミおよび資源ゴミを定期的に回収し、これを処理業者に引き渡す。
2 一般可燃ゴミおよび資源ゴミ以外の廃棄物については、総務課が指定した場所に搬入されたつど、販売店に引取りを依頼するなどして適正に処理する。

（社員の心得）
第10条 社員は、廃棄物の適正な処理と資源のリサイクルに努めなければならない。

（所　管）
第11条 産業廃棄物の処理に関する業務は総務課の所管とし、その責任者は総務課長とする。

（付　則）この規程は、〇〇年〇〇月〇〇日から施行する。

第5章
パソコン・ITシステム

第1節　パソコン使用規程
第2節　電子メール使用規程
第3節　電子メールモニタリング規程
第4節　イントラネット(社内LAN)規程
第5節　ホームページ制作規程
第6節　情報セキュリティ対策規程
第7節　情報システムトラブル対策規程
第8節　データセンター入退室規程

第1節 パソコン使用規程

1 規程の趣旨

　パソコンは、業務の効率化・合理化に必要不可欠である。しかし、その一方で、私的なメールを送信・受信したり、個人的な関心や興味でホームページを閲覧したりするなど、「私用が多い」という問題がある。
　パソコンは、業務のためにのみ使用されるべきである。私用は、職場の規律と秩序を乱す行為である。会社は、パソコンの使用ルールを規程として取りまとめ、その内容を社員に周知することが必要である。

2 規程の内容

（1）使用原則
　はじめに、「会社のパソコンは、業務上の必要に基づいて効果的・効率的に使用されなければならない」と定める。
（2）パスワードの管理
　社員に対し、自分のパスワードの管理に責任を持つべき義務を課する。
（3）社外への持ち出しの禁止
　パソコンおよび重要情報が記録されている媒体を社外へ持ち出

すことを禁止する。
（4）禁止事項
　「個人的な電子メールを送受信すること」「個人的な目的で業務に関係のないホームページを閲覧・ダウンロードすること」などの禁止事項を明記する。
（5）届出事項
　パソコンが正常に作動しないときや、パソコンの異常・不具合に気付いたときなどは、会社に届けさせる。
（6）役職者の監督責任
　役職者に対し、部下が会社のパソコンを業務のために適切に使用するよう、指導監督する義務を課する。

モデル規程

パソコン使用規程

（総　則）
第1条　この規程は、会社のパソコンの使用について定める。
（使用原則）
第2条　会社のパソコンは、業務上の必要に基づいて、常に効果的・効率的に使用されなければならない。
（パスワードの管理）
第3条　社員は、自分のパスワードの管理に責任を持たなければならない。
（社外への持ち出しの禁止）
第4条　社員は、パソコンおよび重要情報が記録されている媒体を社外へ持ち出してはならない。
　2　やむを得ない事情によって持ち出すときは、あらかじめ会社の許可を得なければならない。

第5章　パソコン・ITシステム

（禁止事項）
第5条　社員は、次に掲げることを行ってはならない。
（1）個人的な電子メールを送受信すること
（2）個人的な目的で業務に関係のないホームページを閲覧、ダウンロード、またはプリントアウトすること
（3）個人的な文書を作成すること
（4）アクセスすることが禁止されている情報に不正にアクセスすること
（5）パソコンにインプットされている会社の重要情報を第三者に洩らすこと
（6）パソコン本体を改造、または分解すること
（7）パソコンを社外の者に使用させること
（8）パソコンを乱暴に取り扱うこと
（9）会社が保有または利用権を有するソフトウエアを会社に無断でコピーすること
（10）パソコンのシステムを変更すること

（インターネットへの接続時間）
第6条　社員は、業務に必要なホームページを閲覧する場合、あるいは業務上の必要で電子メールを送受信する場合であっても、インターネット接続時間をできる限り短くするように努めなければならない。

（届　出）
第7条　社員は、次の場合には、直ちに会社に届け出なければならない。
（1）パソコンが正常に作動しないとき
（2）パソコンの異常・不具合に気づいたとき
（3）パソコンを盗まれたとき、または紛失したとき

（連続作業時間）
第8条　社員は、健康管理のため、パソコンを使用する作業時間が連続して、1時間を超えないようにしなければならない。
2　連続作業期間が1時間を超えるときは、1時間ごとに10分の休止時

間を取るものとする。

(懲戒処分)

第9条 会社は、この規程に違反した社員に対して懲戒処分を行う。懲戒処分の内容は、その情状により、譴責、減給、出勤停止または懲戒解雇のいずれかとする。

2 社員は、この規程を知らなかったことを理由として、自らの責任を免れることはできない。

(役職者の監督責任)

第10条 役職者は、部下がパソコンを業務のために適切に使用するよう、指導監督しなければならない。

2 会社は、役職者に対して、監督不行届きの責任を問うことがある。

(付　則) この規程は、〇〇年〇〇月〇〇日から施行する。

第5章 パソコン・ITシステム

第2節 電子メール使用規程

1 規程の趣旨

　電子メールは、「時間や場所に関係なく相手と連絡が取れる」「テキストデータのみならず、画像や音声データも添付ファイルとして送信できる」「同じ内容を一度に多数の相手に送れる」など、さまざまなメリットがある。このため、ビジネスツールとして誠に便利である。
　しかし、その一方で、社員が個人的な用事で使うなどの問題がある。会社としては、電子メールの使用ルールを定め、そのルールを社員に周知徹底することが望ましい。

2 規程の内容

（1）私用の禁止
　電子メールを個人的な用事のために使用することを禁止する旨明記する。
（2）パスワードの管理
　社員に対し、パスワードが第三者に漏洩することのないよう厳重に管理する義務を課する。
（3）通信記録の保存と開示命令
　社員に対し、電子メールの通信記録を一定期間保存しておくこ

とを義務付けるとともに、会社は、業務上必要であると判断されたときは、通信記録の開示を命令することがある旨明記する。

（4）不審な電子メールの着信

社員は、心当たりのない者から電子メールが着信しているのを発見したときは、直ちに会社に報告し、その指示に従うべきことを明記する。

モデル規程

電子メール使用規程

（総　則）

第1条　この規程は、電子メールの使用について定める。社員は、この規程を遵守して電子メールを使用しなければならない。

（私用の禁止）

第2条　社員は、電子メールを個人的な用事のために使用してはならない。

2　社員は、他の社員が電子メールを個人的な用事のために使用していることを知ったときは、その社員に対し、私用を中止するよう注意しなければならない。

（パスワードの管理）

第3条　社員は、パスワードが第三者に漏洩することのないよう、厳重に管理しなければならない。

2　社員は、パスワードが第三者に漏洩した可能性があるときは、直ちに会社に報告し、その指示に従わなければならない。

3　社員は、他の社員のパスワードを使用して電子メールを送受信してはならない。

（通信記録の保存と開示命令）

第4条　社員は、電子メールの通信記録を6カ月間、保存しておかなければならない。

第5章　パソコン・ITシステム

2　会社は、業務上必要であると判断されたときは、社員に対し、保存した通信記録の開示を命令することがある。

(受信状況の確認)
第5条　社員は、取引先などから電子メールが届く可能性があるときは、適宜その受信状況を確認しなければならない。閲覧の遅れによって取引先などに迷惑を与えないようにしなければならない。

(不審な電子メールの着信)
第6条　社員は、心当たりのない者から電子メールが着信しているのを発見したときは、直ちに会社に報告し、その指示に従わなければならない。

(付　則)　この規程は、○○年○○月○○日から施行する。

(様式)　　　　　　　　　　　誓　約　書

　　　　　　　　　　　　　　　　　　　　　　　　　　　年　月　日

取締役社長殿

　　　　　　　　　　　　　　　　(所属)＿＿＿＿＿(氏名)＿＿＿＿

誓　約　書

　電子メールの使用について、次のとおり誓約いたします。
1　個人的な用事のために使用しないこと。
2　パスワードが第三者に漏洩することのないよう、厳重に管理すること。
3　通信記録を6カ月間保存しておくこと。
4　会社から通信記録の開示を命令されたときは、その命令に従って開示すること。

　　　　　　　　　　　　　　　　　　　　　　　　　　　　以　上

第3節 電子メールモニタリング規程

1 規程の趣旨

　電子メールの私用は、会社にとって、時間の無駄であると同時に、コストの無駄でもある。また、職務を忠実に遂行する義務に反する行為であると同時に、職場の秩序を乱す不正行為でもある。
　私用防止には、実務的に、「私用しないという誓約書を提出させる」「送受信の記録を保存させ、必要に応じて閲覧する」「私用した社員を懲戒処分にする」など、いくつかの方策があるが、サーバー上に保存された通信記録を常時モニターすることも、その一つである。
　会社は、電子メールシステムの所有者であると同時に、社員の雇用主であるから、社員の通信内容を見る権利がある。

2 規程の内容

（1）モニタリングの目的
　はじめに、電子メールの適正な使用を図る目的でモニタリングを行うことを明記する。
（2）中止警告
　モニタリングの結果、電子メールの使用が不適切であると判断したときは、その社員に対し、直ちに不適切な使用を中止するよ

う警告する。
（3）懲戒処分
　社員が会社の警告に従わずに不適切な使用を繰り返したときは、懲戒処分に付する。

モデル規程

電子メールモニタリング規程

（目　的）
第1条　この規程は、電子メールの適正な使用を図る目的で行うモニタリングについて定める。
（モニタリング）
第2条　会社は、社員の電子メールの使用状況を必要最小限の範囲においてモニタリングする。
（中止警告）
第3条　会社は、電子メールの使用が不適切であると判断したときは、その社員に対し、直ちに不適切な使用を中止するよう警告する。
（懲戒処分）
第4条　会社は、社員が会社の警告に従わず、不適切な使用を繰り返したときは、その社員を懲戒処分に付する。
（通信内容の非公開）
第5条　会社は、社員の電子メールの通信記録は公開しない。

（付　則）この規程は、〇〇年〇〇月〇〇日から施行する。

第4節 イントラネット(社内LAN)規程

1 規程の趣旨

　インターネットの技術を使って、社員全員が業務に関連する情報を共有する「イントラネット」（社内LANシステム）は、比較的簡単に構築でき、業務の効率化・合理化を図ることができるため、立ち上げている会社が多い。
　イントラネットは、全社員が利用するシステムであるから、その運用について、必要最小限の範囲において、一定の合理的なルールを決めておくことが望ましい。

2 規程の趣旨

（1）管理責任者の選任
　イントラネットの管理を組織的・統一的に行うため、その管理責任者を定める。
（2）管理責任者の任務
　管理責任者の任務を明確にする。
（3）社員の責務
　社員に対し、イントラネットを積極的に利用することにより、情報の共有化および業務の効率化・合理化を図ることを義務づける。

（4）イントラネットの禁止事項

社員に対し、イントラネットについて、「業務に関係ない事項を書き込むこと」「書き込まれている情報を勝手に削除すること」などを禁止する。

（5）社員への通知

会社は、人事管理上、社員に対してさまざまな通知を発する。社員に対する通知は、原則としてイントラネットによって行うことにするのがよい。

（6）パソコンの持出しの禁止

イントラネットに接続されているパソコンを社外に持ち出すと、情報が流出する危険性がある。このため、社外への持出しを禁止する。

モデル規程

イントラネット（社内LAN）規程

（総　則）
第1条　この規程は、イントラネットの取扱いについて定める。
（管理責任者）
第2条　イントラネットの管理責任者は、システム部長とする。
2　システム部長を欠くとき、または、システム部長に事故あるときは、次の者が次の順序で責任者となる。
　（1）システム部次長
　（2）システム課長
（管理責任者の責務）
第3条　管理責任者は、イントラネットについて、次のことに努めなければならない。
　（1）システムの正常な作動

（2）システムの改善
（3）インプットされている情報の鮮度管理
（4）セキュリティの確保

（利用者の範囲）
第4条　社員は、誰でも自由にイントラネットを利用することができる。

（社員の責務）
第5条　社員は、イントラネットを積極的に利用することにより、情報の共有化および業務の効率化・合理化を図らなければならない。

（禁止事項）
第6条　社員は、イントラネットについて、次に掲げることをしてはならない。
（1）業務に関係ない事項を書き込むこと
（2）インプットされている情報を勝手に削除すること
（3）インプットされているドキュメントファイル（書式・様式のモデル）を改ざんすること
（4）社員以外の者に閲覧させること
（5）その他、使用に支障を与えること

（社員への通知）
第7条　会社は、社員に対する通知は、原則としてイントラネットによって行う。
2　イントラネットに記載した日を含め、3日(休日を除く)を経過した時点において、全員に対する通知が完了したものとみなす。
3　社員は、適宜イントラネットを閲覧し、会社からの通知事項の入手に努めなければならない。

（管理責任者への通報）
第8条　社員は、次の場合には、速やかに管理責任者に通報しなければならない。
（1）イントラネットが正常に作動しないことを知ったとき
（2）他の社員が第6条で禁止されていることを行っていることを知ったとき

第5章 パソコン・ITシステム

（管理責任者の対応）
第9条 管理責任者は、社員から通報を受けたときは、直ちに事実関係を調査し、必要な措置を講じなければならない。

（パソコンの持出しの禁止）
第10条 社員は、イントラネットに接続されているパソコンを社外に持ち出してはならない。
2　やむを得ない事情により持ち出すときは、あらかじめ管理責任者の許可を得なければならない。
3　パソコンを社外へ持ち出したときは、その管理に十分気をつけなければならない。

（付　則）この規程は、〇〇年〇〇月〇〇日から施行する。

第5節 ホームページ制作規程

1 規程の趣旨

　会社にとって、インターネットのホームページは有力なPR手段である。ホームページを立ち上げることによって、多くの消費者に、会社の経営方針や取扱い商品などをPRすることができる。しかし、ホームページに魅力が欠けると、PR効果は半減してしまう。
　ホームページを立ち上げるときは、その取扱いや制作方針を明確にしておくことが望ましい。

2 規程の内容

(1) 所管部門
　はじめに、ホームページを制作する部門とその責任者を定める。
(2) 協力義務
　魅力あるホームページを制作するためには、社内各部門の協力が必要不可欠である。このため、各部門に対し、ホームページ制作業務に協力する義務を課する。
(3) 制作上の心得
　ホームページの制作において、「情報の内容に正確を期すこと」「分かりやすい表現を採用すること」「最新の情報を提供すること」

などに留意すべきことを定める。
（4）掲載の禁止
　「会社の営業上の秘密に関すること」「公序良俗に反すること」などは、ホームページに掲載しないことを明確にする。
（5）異常が生じたときの対応
　制作部門は、ホームページの内容が改ざんされているなど、異常に気づいたときは、直ちにシステム担当部門に連絡し、適切な措置を講じることを定める。

モデル規程

ホームページ制作規程

（総　則）
第1条　この規程は、ホームページの制作について定める。
（所　管）
第2条　ホームページの制作は、総務課の所管とし、その責任者は総務課長とする。
（協力義務）
第3条　各課は、総務課のホームページ制作業務に協力しなければならない。
（制作上の心得）
第4条　総務課は、ホームページの制作において、次の点に留意しなければならない。
　（1）情報の内容に正確を期すこと
　（2）分かりやすい表現を採用すること
　（3）最新の情報を提供すること
　（4）経営情報を幅広く取り扱うこと
　（5）第三者の著作権を侵害しないこと

（掲載の禁止）
第5条 総務課は、ホームページに次の事項を掲載してはならない。
　（1） 会社の営業上の秘密に関すること
　（2） 公序良俗に反すること
　（3） 第三者の名誉を傷つけること
　（4） 反社会的勢力に組すること
　（5） その他、掲載することがふさわしくないと判断されること

（異常が生じたときの対応）
第6条 総務課は、ホームページの内容が改ざんされているなど、異常に気づいたときは、直ちにシステム課に連絡し、適切な措置を講じなければならない。

（通報の義務）
第7条 社員は、ホームページに異常が生じていることに気づいたときは、直ちに総務課に通報しなければならない。

（付　則）この規程は、〇〇年〇〇月〇〇日から施行する。

第6節 情報セキュリティ対策規程

1 規程の趣旨

　業務の効率化・合理化・迅速化を図る目的で、社員個々に貸与しているパソコン相互間のみならず、会社の機密情報を保存しているコンピュータともネットワークを組む会社が多い。
　コンピュータ・ネットワークを構築する場合には、外部からのコンピュータへの侵入（改ざん、破壊）と情報の不正持出しを防止するため、一定の情報セキュリティ対策を実施することが望ましい。

2 規程の内容

（1）管理責任者
　情報セキュリティ対策を組織的・計画的に行うため、その管理責任者を定める。
（2）管理責任者の業務
　管理責任者の業務内容を定める。
（3）情報セキュリティ対策のプログラム
　「秘密情報への『秘密』の表示」「社員へのユーザーＩＤ、パスワードの付与」など、情報のセキュリティを確保するために講じる対策を定める。

（4）通報義務

社員に対し、「パソコンが正常に作動しないとき」「重要な情報が外部に流出していることに気づいたとき」などの場合には、速やかに管理責任者に通報することを義務づける。

（5）事実関係の調査と対策の実施

管理責任者は、社員から通報があったときは、直ちに事実関係を調査する。調査の結果、セキュリティが侵害されていることを確認したときは、直ちに侵害を排除するための適切な対策を講じるものとする。

モデル規程

情報セキュリティ対策規程

（総　則）
第1条　この規程は、コンピュータ・ネットワークの情報セキュリティ対策について定める。

（管理責任者）
第2条　情報セキュリティ対策の所管部門はシステム部とし、その管理責任者はシステム部長とする。
2　システム部長を欠くとき、またはシステム部長に事故あるときは、次に掲げる者が、次に掲げる順序で管理責任者となる。
　（1）システム部次長
　（2）システム課長

（管理責任者の業務）
第3条　管理責任者の業務は、次のとおりとする。
　（1）情報セキュリティ対策を立案、導入すること
　（2）導入した情報セキュリティ対策が的確に運用されているかどうかをチェックすること

（3）コンピュータ・ネットワークへの外部からの侵害および情報の不正持ち出しを監視すること
　（4）コンピュータ・ネットワークへの外部からの侵害および情報の不正持ち出しが発生したときに、適切な対策を講ずること
　（5）その他、コンピュータ・ネットワークの情報セキュリティに関すること

（社員の協力義務）
第4条　社員は、情報セキュリティ対策の重要性を正しく認識し、管理責任者の業務に協力しなければならない。

（情報セキュリティ対策のプログラム）
第5条　会社は、情報のセキュリティを確保するため、次の対策を講じる。
　（1）秘密情報への「秘密」の表示
　（2）社員へのユーザーＩＤ、パスワードの付与
　（3）アクセス権者の限定
　（4）データのバックアップの実施
　（5）重要なソフトウエアの分散保管
　（6）記録媒体の厳重保管
　（7）ファイアウォール・システムの導入
　（8）外部データセンターの活用
　（9）廃棄対策の実施
　（10）情報セキュリティに関する社員の意識啓発の実施
　（11）不正行為をした社員の懲戒処分
　（12）セキュリティ対策リーダーの任命

（部門長への指示）
第6条　管理責任者は、情報セキュリティの確保のために必要であるときは、各部門の長に対し、指示を出すことができる。
2　各部門の長は、管理責任者から指示が出されたときは、その指示に従わなければならない。

（報告の請求）

第7条　管理責任者は、各部門の長に対し、情報セキュリティ対策の実施状況について、報告を求めることができる。
2　各部門の長は、管理責任者から報告を求められたときは、報告を行わなければならない。

（セキュリティ対策リーダー）
第8条　各課に、その課の情報セキュリティ対策を管理するリーダー（セキュリティ対策リーダー）を置く。
2　セキュリティ対策リーダーは、所属課長が推薦した者をシステム部長が任命する。
3　セキュリティ対策リーダーの任期は2年とする。ただし、再任を妨げない。
4　管理責任者は、毎年1回、セキュリティ対策リーダーを対象として、セキュリティ対策を徹底するための会議を開催する。

（通報義務）
第9条　社員は、次の場合には、速やかに所属課のセキュリティ対策リーダーに通報しなければならない。
（1）パソコンが正常に作動しないとき
（2）パソコンに異常、不都合が生じたとき
（3）重要な情報が外部に流出していることに気づいたとき
（4）他の社員が会社の秘密情報を外部に漏洩したことを知ったとき
（5）他の社員がパソコンについて不正行為を行っていることを知ったとき
（6）その他、情報セキュリティの面で不都合が生じていることに気づいたとき

（事実関係の調査）
第10条　セキュリティ対策リーダーは、社員から通報があったときは、直ちに事実関係を調査しなければならない。
2　事実関係の調査の結果、セキュリティが侵害されていることを確認したときは、直ちに管理責任者に報告しなければならない。

（対策の実施）

第11条 管理責任者は、直ちに侵害を排除するための適切、かつ、有効な対策を講じなければならない。
2　管理責任者は、対策の実施について、必要に応じて専門業者を利用することができる。
3　専門業者は、技術力が高く、かつ、信頼できる業者を選択しなければならない。

（社長への発生報告）
第12条　管理責任者は、重大な侵害が生じたときは、次の事項を速やかに社長に報告しなければならない。
　（1）侵害の内容
　（2）侵害が生じた日時
　（3）侵害が経営に及ぼす影響
　（4）侵害を排除するための対策
　（5）その他、必要な事項
2　管理責任者は、侵害を排除するための対策を講じたときは、その旨を速やかに社長に報告しなければならない。

（付　則）この規程は、〇〇年〇〇月〇〇日から施行する。

第7節 情報システムトラブル対策規程

1 規程の趣旨

　情報システムは、常に正常に作動するとは限らない。大きなトラブルが生じることがある。ある日突然大きなトラブルが発生することもあれば、小さなトラブルが頻発した後に大きなトラブルが生じることもある。不幸にしてトラブルが発生したときは、回復に向けて迅速に対応しなければならない。解決が遅くなればなるほど、業務に支障を与えると同時に、取引先や消費者に迷惑をかける。
　情報システムのトラブルに迅速、かつ、組織的に対応するため、あらかじめ対応の基準を決めておくこと望ましい。

2 規程の内容

（1）対応の責任者
　はじめに、情報システムトラブルに組織的かつ迅速に対応するため、原因の究明およびシステムの復旧に当たる責任者を定める。

（2）責任者への通報義務
　社員に対し、次のいずれかの場合には、直ちに対応責任者に通報することを義務づける。
　・情報システムが正常に作動しないことを自ら知ったとき
　・情報システムが正常に作動しないという情報を外部から入手

したとき

(3) 事実関係の調査と対策
　対応責任者は、社員から情報システムが正常に作動しないという報告を受けたときは、直ちにその事実関係を調査する。
　調査の結果、トラブルが生じていることを確認したときは、直ちに予備システムの起動、原因の究明、システムの復旧などの措置を講ずる。

(4) 完了報告
　対応責任者は、システムが完全に復旧したときは、直ちに社長、役員および総務部長に報告する。

モデル規程

情報システムトラブル対策規程

（総　則）
第1条　この規程は、情報システムにトラブルが生じ、正常に作動しなくなったときの対策を定めるものである。
（対応の責任者）
第2条　情報システムにトラブルが生じたときは、情報システム部を中心にして、迅速、かつ、組織的に原因の究明およびシステムの復旧に当たるものとし、その責任者は情報システム部長とする。
2　情報システム部長を欠くとき、もしくは、情報システム部長に事故あるときは、次に掲げる者が、次に掲げる順序で責任者となる。
　（1）情報システム部次長
　（2）情報システム課長
　（3）情報システム部長が指名した者
（通報の義務）
第3条　社員は、次のいずれかの場合には、直ちに情報システム部長に

通報しなければならない。
(1) 情報システムが正常に作動しないことを自ら知ったとき
(2) 情報システムが正常に作動しないという情報を外部から入手したとき

(事実関係の調査)

第4条 情報システム部長は、社員から情報システムが正常に作動しないという報告を受けたときは、直ちにその事実関係を調査しなければならない。

(原因究明と復旧策)

第5条 情報システム部長は、事実関係の調査の結果、情報システムにトラブルが生じていることを確認したときは、直ちに次の方策を講じなければならない。
(1) 予備システムの起動
(2) トラブルの原因の究明
(3) システムの復旧

(社長などへの報告)

第6条 情報システム部長は、トラブルが重大であると判断されるときは、社長、役員および総務部長に対し、次の事項を正確に報告しなければならない。
(1) トラブルの発生日時
(2) トラブルの原因
(3) トラブルが経営に及ぼす影響
(4) システム復旧策の内容
(5) システム復旧に要する時間
(6) その他、必要な事項

(関係部長への連絡)

2 総務部長は、情報システム部長から受けた報告の内容を直ちに関係部長に連絡する。

(手動作業への切り替え)

第7条 関係各部長は、総務部長から情報システムのトラブル発生の連

絡を受けたときは、直ちに、システムによる作業を手動作業に切り替えるなどして、業務への影響を最小限にとどめるように努めなければならない。

（専門業者の利用）

第8条 情報システム部長は、トラブルの原因の究明およびシステムの復旧のため、必要に応じ、専門業者を利用をすることができる。

（中間報告）

第9条 情報システム部長は、次の事項について、その進捗状況を逐次社長、役員および総務部長に対し報告しなければならない。
　（1）トラブルの原因の究明
　（2）システムの復旧策
2　総務部長は、情報システム部長から受けた報告の内容を、直ちに関係部長に連絡する。

（完了報告）

第10条 情報システム部長は、システムの復旧の目途がついたとき、および完全に復旧したときは、直ちに社長、役員および総務部長に報告しなければならない。
2　総務部長は、直ちに関係部長に連絡する。

（手動作業の中止）

第11条 関係各部長は、総務部長からシステムの完全復旧について報告を受けたときは、直ちに手動作業を中止する。

（顧客への謝罪）

第12条 システムトラブルによって顧客に迷惑をかけたときは、ホームページにおいて謝罪する。

（トラブルの記録）

第13条 情報システム部長は、発生したトラブルについて、その日時、原因、復旧策、原因究明と復旧策の実施体制などを正確、かつ詳細に記録にとどめておき、その後のシステム運用において有効に活用しなければならない。

（付　則）この規程は、〇〇年〇〇月〇〇日から施行する。

第8節 データセンター入退室規程

1 規程の趣旨

規模がある程度以上大きい企業は、業務の効率化・合理化、情報セキュリティの確保を目的として、社内に「データセンター」を設置し、そこで情報の処理業務を取り扱っている。データセンターを設置している企業の場合は、その入室・退室の基準を定めておくことが望ましい。

2 規程の内容

（1）入室できる者の範囲
　情報の安全管理を図るためには、データセンターに出入りできる者をできる限り絞り込む必要がある。このため、データセンターを利用できる社員は、会社から許可された者に限るものとする。
（2）ＩＤカードの付与
　データセンターへの出入りを許可した者に対し、ＩＤカードを付与する。
（3）ドアロック
　データセンターに入退室したときは、直ちにドアをロックしなければならないものとする。
（4）持込みの制限

第5章　パソコン・ITシステム

　データセンターに社員の私物が持ち込まれると、センターの安全管理に支障が生じる。貴重なデータが私物の中に紛れて流出することも考えられる。このため、業務に関係のない物品をデータセンターに持ち込むことを禁止する。

モデル規程

データセンター入退室規程

（総　則）
第1条　この規程は、データセンターの入室および退室について定める。
（遵守義務）
第2条　データセンターに入退室する者は、情報セキュリティの確保のため、この規程を遵守しなければならない。
（入室できる者の範囲）
第3条　データセンターを利用できる社員は、会社から許可された者（以下、「許可者」という。）に限るものとする。
2　許可者以外の者は、会社の許可なしにデータセンターに入室してはならない。
（IDカードの付与）
第4条　会社は、許可者に対し、IDカードを付与する。
2　許可者は、データセンターを利用するときは、常にIDカードを携帯しなければならない。
3　許可者は、IDカードを他人に貸与してはならない。
4　許可者は、次の場合には、IDカードを会社に返還しなければならない。
　（1）データセンターへの入退室を必要としない部署へ配置転換になったとき
　（2）会社から、データセンターへの入退室の許可を取り消されたとき
　（3）会社を退職するとき

5.8 データセンター入退室規程

（ドアロック）
第5条 許可者は、データセンターに入退室したときは、直ちにドアをロックしなければならない。

（記録媒体の持出しなどの禁止）
第6条 許可者は、会社の許可なく、次に掲げることをしてはならない。
（1）情報が記録されている媒体をデータセンターの外へ持ち出すこと
（2）情報が記録されている媒体を無断で廃棄すること
（3）許可者以外の者をデータセンターに入室させること

（不審者への対応）
第7条 許可者は、データセンターに不審な者がいることを見つけたときは、直ちに退室させ、かつ、総務課に通報しなければならない。

（持込の制限）
第8条 許可者は、業務に関係のない物品をデータセンターに持ち込んではならない。

（整理整頓）
第9条 許可者は、データセンター内の整理整頓に努めなければならない。

（火気の取扱い）
第10条 許可者は、データセンターにおいて火気を取り扱ってはならない。

（会社への届出）
第11条 許可者は、ＩＤカードを紛失したり、盗まれたりしないよう、十分に注意しなければならない。
2　ＩＤカードを紛失したとき、または盗まれたときは、直ちに総務課へ届け出なければならない。

（付　則）この規程は、〇〇年〇〇月〇〇日から施行する。

第6章
自動車・バイク・駐車場

第1節　自動車管理規程
第2節　自動車事故対策規程
第3節　自動車点検規程
第4節　交通安全委員会規程
第5節　自動車出張規程
第6節　ＥＴＣカード使用規程
第7節　マイカー通勤規程
第8節　マイカー業務使用規程
第9節　バイク運転規程
第10節　バイク通勤規程
第11節　駐車場管理規程
第12節　マイカー用駐車場管理規程

第1節 自動車管理規程

1 規程の趣旨

　自動車は、業務の効率化、生産性の向上に役立つ。しかし、管理が適切でないと、維持管理費の増加、個人的な用事での使用、交通事故の誘発など、さまざまな問題を発生させる。業務で自動車を活用している会社は、保有台数、利用目的、利用頻度などに即した合理的な自動車管理規程を作成し、自動車の適切な管理を行っていくことが望ましい。

2 規程の内容

（1）管理担当部門
　自動車の管理を担当する部門を定める。台数がそれほど多くない会社では、総務部門が全社的な統括を行い、日常の清掃・洗車・キーの保管・点検・整備などは、実際に自動車を使用する部門に委ねるのが現実的であろう。
（2）安全運転管理者の選任
　道路交通法は、5台以上の自動車を使用する事業所に対し、自動車の安全運転に必要な業務を行わせるために、安全運転管理者の選任を義務づけている。
（3）自動車保険の取扱い

自賠責保険のほかに任意の自動車保険に加入することとし、その保険金額を定める。

（４）自動車の運転資格

自動車を運転できる資格を定める。

（５）運転者の心得

「運転中は携帯電話をかけないこと。やむを得ずかけるときは、安全な場所に停車させてからかけること」など、運転者の心得を明記する。

（６）整備・点検の責任

整備・点検は、事故を防ぐ重要な条件である。このため、自動車を運転する者に対し、安全運転ができるよう常に整備・点検を行うことを義務づける。

　　　　　　　　　　　　　　　　　　　　　　モデル規程

自動車管理規程

第1章　総　則

（目　的）

第1条　この規程は、会社が保有する自動車の効率的使用と運転者の安全の確保を目的として、自動車の管理について定める。

（適用対象）

第2条　この規程は、自動車のほか、原動機付自転車にも適用する。

第2章　管理組織

（管理担当部門）

第3条　自動車は、総務部長が統括管理を行い、日常の清掃・洗車、キーの保管、車両の点検・整備などについては、実際に業務において自動車を使用する部門の長が行う。

2　部門の長は、自動車の管理に関して総務部長から指示が出されたときは、その指示に従わなければならない。

（安全運転管理者）
第4条　会社は、法律の定めるところにより安全運転管理者を選任し、これを公安委員会に届け出る。
2　安全運転管理者は、自動車の安全な運転に必要な業務を行う。

（車両管理台帳）
第5条　総務部長は、「車両管理台帳」を作成し、車名、車種、登録番号、型式、購入年月日、購入先および自動車保険に関する事項などを記載する。

（自動車保険）
第6条　自動車については、自動車損害賠償責任保険のほか、任意保険に加入する。
2　任意保険の保険金は、次のとおりとする。
　（1）車両保険　　　　○○○万円
　（2）対人賠償保険　　無制限
　（3）対物賠償保険　　○○○○万円
　（4）人身傷害保険　　○○○○万円

第3章　運転者

（運転資格）
第7条　会社の自動車を運転できるのは、業務遂行上自動車を必要とし、かつ、安全運転ができる者として会社から許可された社員に限る。
2　会社の許可を受けていない者は、会社の自動車を運転してはならない。

（運転者台帳）
第8条　総務部長は、運転を許可した者について、「運転者台帳」を作成し、氏名、住所、運転免許の種類、取得年月日および交通違反・事故歴などを記載し、これに運転免許証のコピーを添付する。

（運転者の義務）

第9条 会社から自動車の運転を許可された者（以下、単に「運転者」という）は、交通法規および運転マナーをよく守って安全運転を行わなければならない。
2　運転者は、特に子どもと高齢者に注意を払わなければならない。
（シートベルトの着用）
第10条　運転中は、シートベルトを着用しなければならない。
（携帯電話）
第11条　運転中は携帯電話をかけてはならない。やむを得ずかけるときは、安全な場所に停車させてからかけなければならない。
（飲酒運転などの禁止）
第12条　運転者は、次のいずれかに該当するときは、絶対に運転してはならない。
　（1）酒を飲んだとき
　（2）心身が著しく疲労しているとき
　（3）その他、心身的に正常な運転ができる状態にないとき
2　運転者は、天候が著しく悪いときも、運転してはならない。
（路上駐車などの禁止）
第13条　運転者は、駐車が禁止されている場所に駐車させてはならない。
（自動車から離れるとき）
第14条　運転者は、業務遂行中に自動車から離れるときは、必ずキーを抜き、ドアをロックしなければならない。
（安全運転管理者の指示）
第15条　運転者は、自動車の安全運転について安全運転管理者から指示が出されたときは、その指示に従わなければならない。
（整備・点検）
第16条　運転者は、自分が使用する自動車に関し、安全運転ができるよう、常に整備・点検を行わなければならない。
（修　理）
第17条　運転者は、修理を必要とする個所を発見したときは直ちに部門長を通じて総務部長に報告し、その指示に従わなければならない。た

だし、緊急を要するときは直ちに修理し、事後速やかに報告するものとする。

（法定の整備・点検）

第18条 会社は、法令の定めるところにより、自動車の整備・点検を行う。

（給　油）

第19条 運転者は、ガソリンが少量になったときは、適宜給油しなければならない。

2　給油は、原則として会社指定の給油所で行うものとする。

（運転日報）

第20条 運転者は、自動車を運転したときは「運転日報」を作成し、部門長に提出しなければならない。

（格　納）

第21条 運転者は、運転が終了したときは、自動車を所定の場所に駐車させ、キーを抜き、ドアをロックしなければならない。

（洗車・清掃）

第22条 自動車の洗車および清掃は、運転者の責任とする。

2　最終使用者は、自動車を洗車、清掃しなければならない。

（届　出）

第23条 運転者は、次の場合には、速やかに会社に届け出なければならない。

（1）道路交通法違反で免許の停止または取消しの行政処分を受けたとき

（2）運転免許の期間が満了し、更新の手続きを行っていないとき

（3）運転免許証の記載事項に変更があったとき

（付　則）この規程は、○○年○○月○○日から施行する。

6.1 自動車管理規程

(様式1)　　　　　　　　　　車両管理台帳

車両管理台帳

1　車両仕様

車　名		車　種	
登録番号		型　式	
車台番号		カラー	

2　購入先等

購入先	
購入年月日	

3　使用部門

部・課		使用開始年月日
部	課	年　　月　　日
部	課	年　　月　　日

4　車検記録

有効期限	車検工場
年　月　日まで	
年　月　日まで	

5　定期点検記録

実施日	修理個所	点検工場
年　月　日		
年　月　日		
年　月　日		

6　自賠責保険

保険年月日	保険期間	保険会社	保険料
年　月　日			
年　月　日			
年　月　日			

7　自動車任意保険

保険年月日	保険会社	保険金	保険料
年　月　日		対人補償 対物補償	
年　月　日		対人補償 対物補償	

（様式2）　　　　　　　　　　**運転者台帳**

運転者台帳

1　氏名・住所など

氏　　名	
住所・電話番号	
生年月日	
入社年月日	

2　所属部門

配属年月日	部　　門	
年　月　日	部	課
年　月　日	部	課
年　月　日	部	課

3　家族構成

氏　　名	続　　柄	生年月日
		年　月　日
		年　月　日
		年　月　日

4　運転免許

種　　類	取得年月日
	年　月　日
	年　月　日

5　交通違反・事故歴

発生年月日	違反・事故の内容	処分の内容
年　月　日		
年　月　日		
年　月　日		

6　運転免許証コピー添付

（注）免許証の更新ごとに最新のものを添付すること。

6.1 自動車管理規程

（様式3）　　　　　　　　運転日報

運転日報

1　運転者氏名・運転日

自動車登録番号		運転日	月　日（　）
所　属	部　　課	氏　名	

2　購入先など

始業時メーター指針	ｋm	終業時メーター指針	ｋm	本日走行距離数	ｋm

3　行先・時刻など

出発時刻(時：分)	帰着時刻(時：分)	行　先	目　的
：	：		
：	：		
：	：		
：	：		

4　特記事項

（注）正確に記入すること。

第2節 自動車事故対策規程

1 規程の趣旨

社員が業務遂行中に自動車事故を起こしたときは、会社は、迅速、かつ、的確に対応しなければならない。対応が遅くなると、「誠意に欠ける」として問題の解決がむずかしくなると同時に、会社の信用が低下する。自動車事故に迅速・的確に対応するため、あらかじめ合理的・現実的な対応策を取りまとめ、その内容を社員に周知徹底しておくことが望ましい。

2 規程の内容

(1) 道路交通法による対応
　道路交通法の定めるところにより、負傷者の救護、道路における危険防止のための措置、警察への通報を行う。
(2) 会社への緊急連絡
　事故の内容を会社に緊急連絡することを義務づける。
(3) 自動車事故証明書
　警察から事故証明書の交付を受け、これを会社へ提出させる。
(4) 自動車事故報告書の提出
　事故の詳細を書面で会社に報告させる。
(5) 会社による事故処理

事故の処理と相手方への損害賠償は、会社が行うことを明記する。また、個人的な示談を禁止する。

（6）社員の損害賠償責任

社員が、故意または重大な過失によって起こした自動車事故による損害は、社員の責任において賠償させる。

（7）課金の負担義務

社員が、故意または過失によって道路交通法に違反し、罰金、科料または反則金を課せられたときは、すべて社員が負担しなければならないことにする。

モデル規程

自動車事故対策規程

（目　的）
第1条　この規程は、社員が会社の自動車を運転中に起こした事故の取扱いを定める。

（道路交通法の対応）
第2条　社員は、自動車事故を起こしたときは、道路交通法の定めるところにより、速やかに次の措置を講じなければならない。
　（1）負傷者のあるときは、直ちに可能な負傷者救護処置を行う
　（2）道路における危険防止のための措置を講じる
　（3）最寄りの警察に、発生事項、発生場所、事故の内容を通報する

（会社への緊急連絡）
第3条　社員は、前条に定める措置が完了したときは、速やかに会社に、発生時刻、発生場所、事故の内容を連絡しなければならない。
　2　第三者によって自動車事故を起こされたときも、同様とする。

（社員の派遣）
第4条　会社は、社員から自動車事故の連絡を受けたときは、必要に応

じて社員を現場に派遣する。
(自動車事故証明書)
第5条 社員は、自動車事故を起こしたとき、または起こされたときは、速やかに警察に届け出て事故証明書の交付を受け、これを会社に提出しなければならない。
(自動車事故報告書の提出)
第6条 社員は、自動車事故を起こしたとき、または起こされたときは、速やかに会社に自動車事故報告書を提出しなければならない。
(事故処理の原則)
第7条 社員が、業務遂行中に起こした自動車事故の処理は会社が行う。
2 事故処理は、総務部の所管とする。
(事故による損害賠償責任)
第8条 社員が、業務遂行中に起こした自動車事故による損害賠償の責任は、会社が負うものとする。ただし、社員が故意または重大な過失によって起こした自動車事故については、この限りではない。
2 損害賠償は、原則として示談によって行うものとする。
3 社員は、会社を通すことなく、個人で勝手に示談交渉をしてはならない。
(損害賠償交渉の委任)
第9条 被害者への損害賠償交渉は、自動車保険を付保している損害保険会社に委任する。
2 総務部は、損害保険会社に賠償交渉の経緯を適宜報告させ、これを役員に報告しなければならない。
(謝罪・弔問)
第10条 自動車事故で第三者に損害を与えたときは、会社は、できる限り速やかに被害者を訪問し、謝罪する。
2 第三者を死亡させたときは、その遺族を弔問する。
3 会社は、被害者感情に配慮し、必要に応じて見舞金または弔慰金を贈呈する。贈呈は、保険会社と相談して行う。
(求償権の行使)

第11条　社員が起こした自動車事故について、会社が賠償責任を履行した場合、社員に重大な過失または法律違反があるときは、会社はその社員に対し、会社が負担した賠償金の支払いを請求することがある。

（課金の負担）

第12条　社員が、故意または過失によって道路交通法に違反し、罰金、科料または反則金を課せられたときは、すべて社員が負担しなければならない。

（車両の損害賠償責任）

第13条　社員は、故意または重大な過失によって会社の車両に損害を与えたときは、その損害を賠償しなければならない。

（医師の診断）

第14条　社員は、自動車事故で傷害を負ったときは、たとえ軽度の傷害であっても、速やかに医師の診断を受けなければならない。

2　医師の診断の結果は、会社に報告しなければならない。

3　会社は、必要と認めたときは、自動車事故で傷害を負った社員に対し、医師の診断書の提出を求めることがある。

（付　則）この規程は、〇〇年〇〇月〇〇日から施行する。

（様式）　　　　　　　　**自動車事故報告書**

　　　　　　　　　　　　　　　　　　　　　　　　　　年　月　日

総務部長・所属部長殿

所　属		氏　名	

自動車事故報告書

1　事故車

車　名		車　種		登録番号	

2　発生日時・場所など

発生日時	
発生場所	
天　候	晴れ・曇り・雨・雪・霧
交通状況	混雑していた・普通・閑散だった
届出警察署	

3　相手方

会社名	
氏名・年齢・性	
住所・電話番号	

4　事故の状況

（注）できる限り具体的に記載すること。

5　事故状況図

（注）できる限り詳細に記載すること。

第3節 自動車点検規程

1 規程の趣旨

　会社は、自動車の安全を確保する必要がある。そのためには、日常点検・定期点検を行うほか、燃料・冷却水・エンジンオイル・タイヤの溝の深さなどについては適宜点検し、少しでも悪い個所があったときは、すぐに整備することが必要である。点検の必要性・重要性は、いくら強調しても強調し過ぎることはない。
　会社は、自動車の安全のため、点検について合理的な取扱い基準を明確にしておくことが望ましい。

2 規程の内容

(1) 日常の点検
　自動車を使用する部門に対し、「日常の点検を確実に行うこと」「燃料、冷却水、エンジンオイル、タイヤの溝の深さなどについては、適宜点検すること」「発煙筒、赤ランプなどの非常信号用具が備えられていることを適宜点検すること」などを求める。
(2) 運転者の義務
　運転者に対し、運転を開始するときおよび終了したときは、確実に点検を行うことを義務づける。
(3) 修理個所を見つけたときの対応

修理を要する個所を見つけたときに、どのように対応すべきかを定める。

（4）改造の禁止

運転者に対し、会社または安全運転管理者の許可を得ることなく、ハンドル、ブレーキ、マフラーその他自動車の装置を改造することを禁止する。

モデル規程

自動車点検規程

（総　則）

第1条　この規程は、社有自動車の点検について定める。

（整備点検）

第2条　整備点検は、次の2種類とする。

　（1）日常の点検

　（2）法定の点検

（日常の点検）

第3条　業務において自動車を使用する部門は、日常の点検を確実に行わなければならない。

2　燃料、冷却水、エンジンオイル、タイヤの溝の深さなどについては、適宜点検しなければならない。

3　発煙筒、赤ランプなどの非常信号用具については、所定の個所に確実に備えられているかを適宜点検しなければならない。

（運転者の義務）

第4条　運転者は、運転を開始するときおよび終了したときは、確実に点検を行わなければならない。

（修理個所を見つけたとき）

第5条　運転者は、修理を必要とする個所を発見したときは、直ちに所属長を通して安全運転管理者に報告し、その指示に従わなければなら

ない。ただし、緊急を要するときは、直ちに修理し、事後速やかに報告するものとする。
（法定の点検）
第6条　会社は、法律の定めるところにより、点検を行う。
2　法定の点検は、安全運転管理者の責任とする。
（修理・法定点検）
第7条　修理および法定の点検は、指定の整備会社で行う。
（修理内容の検査）
第8条　安全運転管理者は、修理が完了したときは、納品書などにより修理内容を検査し、かつ、修理費用を確認し、修理車を引き取るものとする。
（改造の禁止）
第9条　運転者は、会社または安全運転管理者の許可を得ることなく、ハンドル、ブレーキ、マフラーその他自動車の装置を改造してはならない。

（付　則）この規程は、〇〇年〇〇月〇〇日から施行する。

第4節 交通安全委員会規程

1 規程の趣旨

　会社は、交通安全の確保、交通事故の防止に全社的・組織的に取り組むことが必要である。特定の部門だけが取り組むだけでは、交通安全の確保は難しい。また、運転する社員の意識だけに頼るというのでは、交通事故の発生を防止することは困難である。
　交通安全の確保、交通事故の防止に全社的・組織的に取り組むため、交通安全委員会を設置するのがよい。

2 規程の内容

（1）委員会の目的
　はじめに、委員会を設置する目的を明記する。
（2）委員会の任務
　委員会の任務は、「社員に対する交通安全意識の啓蒙・高揚」「交通安全教育の企画・実施」「車両の安全装置の検討・実施」などとする。
（3）委員会の構成
　委員会は、各部の代表者をもって構成する。
（4）委員会の種類
　委員会の種類を定める。

（5）所管部門

委員会の事務を執り行う部門を定める。

モデル規程

交通安全委員会規程

（目　的）

第1条　会社は、交通安全の確保、交通事故の防止に全社的・組織的に取り組むため、交通安全委員会（以下、「委員会」という）を設置する。

（任　務）

第2条　委員会の任務は、次のとおりとする。
（1）社員に対する交通安全意識の啓蒙・高揚
（2）交通安全教育の企画・実施
（3）車両の安全装置の検討・実施
（4）その他、交通安全に関すること

（委員会の構成）

第3条　委員会は、各部の代表者（課長クラス）をもって構成する。

（委員会の種類）

第4条　委員会の種類は、次のとおりとする。
（1）定期委員会（毎年、春・秋の全国交通安全運動に合わせて開催する）
（2）臨時委員会

（議　長）

第5条　委員会の議長は、総務部の代表者が務める。

（議　題）

第6条　委員会の議題は、そのつど定める。

（議事録の作成）

第7条　委員会を開催したときは、議事録を作成する。

(事　務)
第8条　委員会の事務は、総務課において執り行う。

(付　則)　この規程は、〇〇年〇〇月〇〇日から施行する。

第5節 自動車出張規程

1 規程の趣旨

　自動車出張については、「運転者に相当の身体的・精神的な負担を与え、出張先での業務に影響を及ぼす」「交通事故を起こす危険性がある」などの問題がある。このため、公共交通機関の利用を原則としている会社が少なくない。しかし、現実問題として、自動車で出張するほうが便利な場所や場合もある。このため、一定の場合には、自動車出張を認めるのが現実的であろう。
　自動車出張を認めるときは、その取扱い基準を定めておくことが望ましい。

2 規程の内容

(1) 許可の基準
　自動車出張は許可制とし、次のような事項を審査して許可することとする。
　・出張先における公共交通機関の利便性
　・出張業務の効率性
　・携帯する物品の量
　・本人の運転技術
(2) 出張者の心得

「出発する前に自動車の点検を行うこと」「合理的な経路を経由すること」「業務に関係ない者を同行させないこと」など、自動車で出張する者の心得を明記する。

（3）事故連絡の義務

交通事故を起こしたときは、直ちに会社に連絡することを義務づける。

モデル規程

自動車出張規程

（総　則）

第1条　この規程は、自動車による出張の取扱いを定める。

（許可申請）

第2条　社員は、自動車による出張を希望するときは、あらかじめ会社に申請し、許可を受けなければならない。

（許可の基準）

第3条　社員から自動車による出張の申請が出されたときは、会社は、次の事項を審査して許可を決定する。

（1）出張先における公共交通機関の利便性

（2）出張業務の効率性

（3）携帯する物品の量

（4）本人の運転技術

（5）その他、必要事項

（出張者の心得）

第4条　自動車による出張を許可された者（以下、「自動車出張者」という）は、次の事項を守らなければならない。

（1）交通法規および運転マナーを守って安全運転を行うこと

（2）無理のないスケジュールで行動すること

（3）適宜休息を取ること。長時間にわたって連続運転をしないこと。

心身の疲労が強いときは、運転を控えること
（4）飲酒運転をしないこと
（5）制限速度を超過しないこと
（6）運転中は携帯電話をかけないこと。やむを得ずかけるときは、安全な場所に停車させてからかけること
（7）気象状況に十分注意すること。天候が悪いときは特に慎重に運転すること
（8）出張に関係のない者を同行させないこと

（合理的な経路の利用）

第5条　自動車出張者は、合理的な経路を利用しなければならない。

（点　検）

第6条　自動車出張者は、出発する前に自動車を点検しなければならない。

2　点検の結果、不具合・異常が見つかったときは、その不具合・異常を直して出発するか、あるいは公共交通機関の利用に切り替えなければならない。

（駐　車）

第7条　自動車出張者は、出張の途中または出張先において自動車を離れるときは、所定の場所に駐車し、必ず施錠しなければならない。

2　自動車に戻ったときは、携行した物品に異常がないかどうか確認しなければならない。

（日当・宿泊料）

第8条　自動車出張者に対する日当および宿泊料は、「出張旅費規程」の定めるところによる。

（ガソリン代などの取扱い）

第9条　自動車出張者に対し、次に掲げる費目の実費を支給する。

（1）ガソリン代、オイル代
（2）高速・有料道路通行料
（3）駐車場利用料

2　自動車出張者は、帰着後速やかに実費の請求を行わなければならな

い。
(労働時間の算定)
第10条 自動車出張をした日は、所定労働時間労働したものとみなす。
(事故発生時の対応)
第11条 自動車出張者は、交通事故を起こしたとき、または起こされたときは、直ちに会社に報告し、その指示を求めなければならない。

(付　則)この規程は、〇〇年〇〇月〇〇日から施行する。

(様式)　　　　　　　　**自動車出張許可願**

	年　月　日
部長殿	＿＿＿＿課＿＿＿＿印

自動車出張許可願

出張先	
出張目的	
出張期間	平成　年　月　日(　)　～　月　日(　)(　日間)
自動車出張の必要性	
主要運行道路	
走行予定距離	約　　　km
特記事項	

＊具体的に記載すること。

第6節 ETCカード使用規程

1 規程の趣旨

　ETCは、料金所をノンストップでスルーパスできるので、とても便利である。料金所での現金支払いという煩わしさから解放され、運転に集中できる。このため、有料道路回数券の廃止が見込まれていることもあり、ETCを利用する会社が増えている。
　社員がETCカードを安易に使用すると、自動車経費が増加する。また、ETCカードについては、紛失や盗難というリスクもある。
　このため、ETCカードの取扱いについて、合理的・現実的な規程を作成するのがよい。

2 規程の内容

（1）カードの保管部門
　カードの適切な管理のため、保管部門を定める。
（2）カード使用の手続き
　社員がカードを使用するときの手続きを定める。
（3）カード使用上の心得
　「走行前に車載器に確実に差し込むこと」「自動車を降りるときに抜き取ること」「走行中に抜き差しをしないこと」など、使

用上の心得を定める。

（４）禁止事項

「会社に無断で持ち出すこと」「カードを車内に放置すること」「会社の自動車以外の自動車で使用すること」など、カードの取扱いについて社員がしてはならないことを定める。

モデル規程

ＥＴＣカード使用規程

（総　則）

第１条　この規程は、ＥＴＣカード（以下、「カード」という）の使用基準を定める。

（道路利用の原則）

第２条　業務において自動車を運転する者は、一般道路を利用できるときは一般道路を利用し、有料道路は、必要やむを得ない場合に限って利用するように努めなければならない。

（カードの保管）

第３条　カードは、総務課で保管し、その責任者は総務課長とする。

（カード使用の手続き）

第４条　社員は、業務においてカードを必要するときは、あらかじめ次の事項を総務課長に申し出て、カードを受け取るものとする。

（１）使用する月日

（２）行き先

（３）目的、要件

（４）通行する有料道路

２　社員は、カードを紛失しないよう注意しなければならない。

３　社員は、運転を終えたときは、直ちにカードを返却しなければならない。

（カード使用上の心得）

第5条　社員は、カードの使用について、次の事項に注意しなければならない。
　（1）走行前に車載器に確実に差し込むこと
　（2）自動車を降りるときに抜き取ること
　（3）走行中に抜き差しをしないこと

(禁止事項)
第6条　社員は、カードについて、次のことをしてはならない。
　（1）総務課長に無断で持ち出すこと
　（2）カードを車内に放置すること
　（3）会社の自動車以外の自動車で使用すること
　（4）第三者に貸与すること
　（5）自宅に持ち帰ること

(届　出)
第7条　社員は、次の場合には、直ちに総務課長に届け出なければならない。
　（1）カードを紛失または盗まれたとき
　（2）車載器が正常に作動しないとき

(適正管理)
第8条　総務課長は、カードによる支払料金が過大にならないよう、カードを適正に管理しなければならない。

(懲戒処分)
第9条　社員がこの規程に違反したときは、就業規則の定めるところにより、懲戒処分に付する。

(付　則)　この規程は、〇〇年〇〇月〇〇日から施行する。

第7節 マイカー通勤規程

1 規程の趣旨

　公共交通機関が不便な場所に立地している会社や工場・支店・営業所などでは、社員にマイカー通勤を認めているところが多い。
　マイカーを利用すれば、バスや電車などの交通機関のダイヤに左右されることなく、自分の都合でいつでも自由に出勤できるので、まことに便利である。しかし、その一方で、「自動車事故を起こす可能性がある」「会社のほうで駐車場を用意しなければならない」などの問題点もある。
　マイカー通勤を認めている会社は、その取扱い基準を定めることが望ましい。

2 規程の内容

(1) マイカー通勤の手続き
　マイカー通勤については、
　・社員の自由に委ねる
　・会社への届出制とする(届出があれば原則として認める)
　・会社による許可制とする
の3つがある。常に交通事故の危険性が付きまとっていることを考えると、会社による許可制にするのが妥当であろう。

（2）許可の基準

マイカー通勤を許可制にするときは、許可の基準を明確にしておく。許可基準としては、

- ・運転免許を持っていること
- ・運転技術が高いこと。重大な事故を起こしていないこと
- ・通勤のための公共交通機関がないこと、あるいは、きわめて不便であること
- ・一定額以上の保険に加入していること

などが考えられる。

（3）マイカー通勤者の心得

マイカー通勤者の心得を明確にしておく。

（4）会社の免責事項

次の事項について、会社はいっさい責任を負わないことを明確にしておく。

- ・通勤中に起こした交通事故
- ・駐車中に生じた車両の盗難、損傷など

モデル規程

マイカー通勤規程

（総　則）

第1条　この規程は、マイカー通勤の取扱いについて定める。

（許　可）

第2条　マイカー通勤を希望する者は、会社に申請して許可を受けなければならない。

2　会社による許可の基準は、次のとおりとする。
　（1）運転免許を保有していること
　（2）過去において重大な交通事故を起こしていないこと

（3）通勤のための公共交通機関がないこと、あるいはきわめて不便であること
　（4）次に掲げる自動車保険に加入していること
　　　　対人賠償保険―――無制限
　　　　対物賠償保険―――500万円以上
3　前条の規定を満たしていても、会社として駐車スペースを用意できないときは、許可しないことがある。

（遵守事項）

第3条　マイカー通勤を許可された者（以下、「マイカー通勤者」という）は、次に掲げる事項を誠実に遵守しなければならない。
　（1）道路交通法を遵守し、安全運転を行うこと
　（2）飲酒運転、暴走運転をしないこと
　（3）心身が疲労しているときは運転をしないこと
　（4）会社が指定した場所に駐車すること

（届　出）

第4条　マイカー通勤者は、次のいずれかに該当するときは、速やかに会社に届け出なければならない。
　（1）車両を変更したとき
　（2）通勤経路を変更したとき
　（3）マイカー通勤をやめるとき
　（4）交通事故、交通違反を起こしたとき

（会社の免責事項）

第5条　会社は、次に掲げる事項についてはいっさい責任を負わない。
　（1）マイカー通勤者が通勤中に起こした事故
　（2）駐車中に生じたマイカーの盗難、損傷など

（許可の取消し）

第6条　会社は、マイカー通勤者が次に掲げることをしたときは、マイカー通勤の許可を取り消すことがある。
　（1）この規程に違反したとき
　（2）重大な交通事故を起こしたとき

（3）その他、マイカー通勤者として適格でないと認められるとき

（ガソリン代の支給）

第7条 会社は、マイカー通勤者に対してガソリン代の実費を支給する。

（マイカーの業務使用）

第8条 会社は、マイカーを業務で使用することは認めない。

2 社員は、やむを得ずマイカーを業務で使用するときは、あらかじめ会社の許可を受けなければならない。

（所　管）

第9条 マイカー通勤に関する事項は、総務部の所管とし、総務部長がこれを統括する。

2 マイカー通勤者は、総務部長からマイカー通勤に関して指示が出されたときは、その指示に従わなければならない。

（付　則）この規程は、　　年　月　日から施行する。

（様式）　　　　　　　　**マイカー通勤許可願**

```
総務部長・所属部長殿
```

申請日	年　月　日	所属		氏名	

マイカー通勤許可願

1　マイカー関係

車　　名		車　　種	
車体カラー		登録番号	

2　免許関係

種　　類		有効期間	

3　自動車保険関係

対人賠償保険金	
対物賠償保険金	
保険加入期間	年　月　日～　　年　月　日

4　マイカー通勤を希望する理由

　道路交通法その他の関連法規および交通マナーを遵守して安全運転に努めます。万一交通事故を発生させたときは、私の責任でいっさいを処理し、会社に迷惑をかけないことを誓約いたします。

以　上

第8節 マイカー業務使用規程

1 規程の趣旨

　最近は、経営を取り巻く環境がきわめて厳しいこともあり、社員のマイカーを業務で使用し、自動車経費を節減する会社が増えているといわれる。マイカーは、乗り慣れているので、社員の中にも「どうせ車を使うのならマイカーを使いたい」と希望する者がいる。
　マイカーの業務使用は、会社にとっても社員本人にとっても便利であるが、問題点もある。それは、交通事故である。
　このため、マイカーを業務で使用するときは、その取扱い基準を定めておくことが望ましい。

2 規程の内容

(1) マイカー使用の手続
　マイカーの使用を無条件で認めると、公私混同を助長する可能性がある。また、マイカーを業務で使用しているときに事故を起こすと、会社の使用者責任を問われることがある。このため、会社による許可制とするのが適切である。

(2) 許可の基準
　マイカーの業務使用を会社による許可制とするときは、許可の

基準を明確にしておく。許可の基準としては、
　・業務で自動車を使用する必要性
　・申請者の運転技術
　・自動車の型式、仕様、外観
　・自動車の使用年数
　・自動車保険への加入の状況
などが考えられる。
（3）費用の支払基準
　費用の支払いについて定める。
（4）会社の免責事項
　本人の不注意による交通事故や自動車の盗難・損傷については、会社はいっさいその責任を負わないことを明記する。
（5）罰金などの負担
　マイカーを業務で使用しているときに生じた交通事故・交通違反について課せられた罰金・科料・反則金などの課金は、すべて本人の負担とすることを明記する。

モデル規程

マイカー業務使用規程

（総　則）
第1条　この規程は、社員のマイカーの業務使用について定める。
（許　可）
第2条　業務において自動車を使用する者のうち、マイカーの使用を希望する者は、あらかじめ会社に申請し、その許可を受けなければならない。
　2　会社は、次に掲げる事項を審査して許可を決定する。
　（1）自動車を業務で使用することの必要性

(2) 申請者の運転技術
(3) 自動車の型式、仕様、外観
(4) 自動車の使用年数
(5) 自動車保険への加入の状況

（自動車保険）

第3条 業務において使用するマイカーは、強制保険のほか、次に掲げる額の自動車保険に加入していなければならない。

(1) 対人賠償保険　　　無制限
(2) 対物賠償保険　　　500万円以上

（運転者の心得）

第4条　マイカーを業務で使用する者は、次の事項を遵守しなければならない。

(1) 道路交通法を遵守し、安全運転を行うこと
(2) 安全運転ができるよう、常に自動車の整備・点検を行うこと
(3) 自動車の内部・外部を常に清潔にしておくこと
(4) 自動車に故障が生じたとき、もしくは異常を発見したときは、直ちに運転を中止して適切な措置を講じること
(5) 業務に関係のない者を同乗させないこと
(6) 運転中に携帯電話をかけないこと。やむを得ずかけるときは、安全な場所に停車させてからかけること
(7) 交通事故が発生したときは、法規に定められた措置をとるとともに、直ちに会社に連絡すること

（運転禁止）

第5条　次に掲げるときは、絶対に運転してはならない。

(1) 酒を飲んだとき
(2) 心身が著しく疲労しているとき
(3) その他、正常な運転ができない状態にあるとき

（運転日報）

第6条　マイカーを業務で使用したときは、行き先、目的、出発時刻、帰着時刻、および走行距離数などを運転日報に正確に記載し、会社に

提出しなければならない。
(会社の費用負担)
第7条 マイカーの業務使用につき、会社は次の費用を負担する。
  （1）ガソリン代、オイル代―――実費の全額
  （2）駐車料金―――実費の全額
  （3）高速道路通行料―――実費の全額
  （4）車検・定期点検費用―――実費の一部
  （5）修理費（業務で使用中に生じた損傷に限る）―――実費の全額
  （6）自動車保険料―――実費の一部
2　ガソリン代、オイル代などの実費の請求は、正確に行わなければならない。
3　会社が負担する費用は、毎月末日で締切り、翌月25日に支払う。
(補　償)
第8条 マイカーを業務で使用中に発生させた事故につき、社員がマイカーに付された保険を上回る金額を支出したときは、会社は、その金額が常識的に判断して妥当なものである場合に限り、その支出分を補償する。ただし、社員が第5条の規定に違反して起こした事故による損害については、補償は行わない。
(免責事項)
第9条 会社は、次に掲げる事件・事故については、いっさい責任を負わない
  （1）本人の不注意で発生させた交通事故
  （2）本人の不注意による自動車の盗難、損傷
  （3）社員が会社の許可を受けることなくマイカーを業務で使用して起こした事故
(課金の負担)
第10条 マイカーを業務中に発生させた交通事故・交通違反について課せられた罰金、科料、反則金などの課金は、すべて本人の負担とする。
(許可の取消し)
第11条 社員が次のいずれかに該当するときは、マイカーの業務使用の

許可を取り消すことがある。
　（1）故意または重大な過失によって交通事故を発生させたとき
　（2）しばしば交通法規に違反したとき
　（3）しばしばこの規程に違反したとき
（所　管）
第12条　マイカーの業務使用は総務部の所管とし、総務部長がこれを統括する。
2　社員は、マイカーの業務使用について総務部長から指示が出されたときは、その指示に従わなければならない。

（付　則）この規程は、〇〇年〇〇月〇〇日から施行する。

第9節 バイク運転規程

1 規程の趣旨

　バイク（大型自動二輪車、普通自動二輪車、原動機付自転車）は、自動車に比較して「小回りが利く」「駐車スペースを取らない」「価格が安い」などの特徴がある。このため、業務においてバイクを使用している会社が少なくない。しかし、交通事故を起こす可能性・危険性があるという点では、自動車と変わりはない。
　業務でバイクを使用している会社は、運転手が守るべき事項を規程として取りまとめておくのがよい。

2 規程の内容

（1）運転資格
　業務遂行上バイクを必要とし、かつ、安全運転ができるとして、会社から許可された者に限ることにする。
（2）運転手の心得
　「交通法規および運転マナーをよく守って安全運転を行うこと」「運転中はヘルメットを着用すること」など、運転者が守るべき事項を明記する。
（3）運転手の禁止事項
　運転手がしてはならない事項を明記する。

(4) 運転開始時の点検事項

ブレーキのきき具合、車輪のガタや歪み、タイヤの空気圧など、運転開始時の点検事項を明記する。

モデル規程

バイク運転規程

（総　則）
第1条 この規程は、会社のバイクの運転資格および運転上の心得などについて定める。
2　業務において会社のバイクを運転する者は、この規程を誠実に遵守しなければならない。

（運転資格）
第2条 会社のバイクを運転できるのは、業務遂行上バイクを必要とし、かつ、安全運転ができるとして、会社から許可された者とする。

（運転者の心得）
第3条 会社からバイクの運転を許可された者（以下、単に「運転者」という）は、次の事項を遵守しなければならない。
　（1）交通法規および運転マナーをよく守って安全運転を行うこと
　（2）運転中はヘルメットを着用すること
　（3）業務に関係のない者を同乗させないこと
　（4）個人的な用事で使用しないこと
　（5）運転中は携帯電話をかけないこと。やむを得ずかけるときは、安全な場所に停車させてからかけること
　（6）自動車の間を縫って走ったり、ジグザグ運転したりしないこと

（禁止事項）
第4条 運転者は、次のいずれかに該当するときは、絶対に運転してはならない。
　（1）酒を飲んだとき

（２）心身が著しく疲労しているとき
　（３）その他、正常な運転ができる状態にないとき
２　天候が著しく悪いときも、運転してはならない。
（点　検）
第５条　運転者は、バイクを運転するときは、次の事項を点検しなければならない。
　（１）ブレーキのきき具合は十分か
　（２）車輪にガタや歪みはないか
　（３）タイヤの空気圧は適正か
　（４）灯火は正常に作動するか
　（５）バックミラーはよく調整されているか
　（６）その他、不具合はないか
（修　理）
第６条　運転者は、修理を必要とする個所を発見したときは、直ちに所属長を通じて総務部長に報告し、その指示に従わなければならない。ただし、緊急を要するときは直ちに修理し、事後速やかに報告するものとする。
（改造の禁止）
第７条　運転者は、ハンドル、マフラーなどバイクの装置を改造してはならない。
（給　油）
第８条　運転者は、ガソリンが少量になったときは、適宜給油しなければならない。
２　給油は、原則として会社指定の給油所で行うものとする。
（社外の駐車）
第９条　運転者は、社外においてバイクから離れるときは、必ずバイクに施錠しなければならない。
（格　納）
第10条　運転者は、運転が終了したときは、バイクを車庫に納めて施錠しなければならない。

（報告義務）
第11条 運転者は、次の場合には、直ちに会社に報告しなければならない。
　（1）交通違反をしたとき
　（2）交通事故を起こしたとき、または起こされたとき
　（3）運転中に著しい不具合が生じたとき
　（4）バイクが盗まれたとき、または損傷を負ったとき

（運転資格の取消し）
第12条 会社は、運転手が次のいずれかに該当するときは、バイクの運転資格を取り消すことがある。
　（1）重大な交通違反・交通事故を起こしたとき
　（2）この規程にしばしば違反したとき
　（3）運転を必要としない部門に配置転換になったとき
　（4）その他、運転者として不適当であると判断されたとき

（運転の禁止）
第13条 会社は、運転者が公安委員会から運転免許の停止または取消しの処分を受けたときは、バイクの運転を禁止する。

（損害賠償責任）
第14条 運転者は、自らの不注意によってバイクが盗まれたり、損傷を負ったりしたときは、会社に対し、その損害を賠償しなければならない。

（付　則）この規程は、○○年○○月○○日から施行する。

6.9 バイク運転規程

(様式)　　　　　　　　　誓　約　書

　　　　　　　　　　　　　　　　　　　　　　　　年　月　日

取締役社長殿

　　　　　　　　　　(所属)＿＿＿部＿＿＿課(氏名)＿＿＿＿＿＿

　　　　　　　　　誓　約　書

　バイク運転について、次のとおり誓約いたします。
(1) 交通法規および運転マナーをよく守って安全運転を行うこと。
(2) 運転中はヘルメットを着用すること。
(3) 業務に関係のない者を同乗させないこと。
(4) 個人的な用事で使用しないこと。
(5) 運転中は携帯電話をかけないこと。やむを得ずかけるときは、安全な場所に停車させてからかけること。
(6) 自動車の間を縫って走ったり、ジグザグ運転したりしないこと。

　　　　　　　　　　　　　　　　　　　　　　　　以　上

第10節　バイク通勤規程

1　規程の趣旨

　社員の中には、電車・バスの便が不便であることなどから、バイクでの通勤を希望している者がいる。バイク通勤を認めるか認めないかは、それぞれの会社の自由であるが、認めるときはその取扱い基準を明確にしておくことが望ましい。

2　規程の内容

（1）バイク通勤の手続き
　バイク通勤については、
　・社員の自由に委ねる
　・会社への届出制とする（届出があれば原則として認める）
　・会社による許可制とする
の3つがある。常に交通事故の危険性が付きまとっていることを考えると、会社による許可制にするのが妥当であろう。
（2）許可の基準
　バイク通勤を許可制にするときは、許可の基準を明確にしておく。許可基準としては、
　・運転免許を持っていること
　・運転技術が高いこと。重大な事故を起こしていないこと

・通勤のための公共交通機関がないこと、あるいは、きわめて不便であること
・一定額以上の保険に加入していること
などが考えられる。

（3）バイク通勤者の心得
　バイク通勤者の心得を明確にしておく。

（4）会社の免責事項
　次の事項について、会社はいっさい責任を負わないことを明確にしておく。
　　・通勤中に起こした交通事故
　　・駐車中に生じたバイクの盗難、損傷など

モデル規程

バイク通勤規程

（総　則）
第1条　この規程は、バイク通勤の取扱いについて定める。
（許　可）
第2条　バイク通勤を希望する者は、会社に申請して許可を受けなければならない。
2　会社による許可の基準は、次のとおりとする。
　（1）運転免許を保有していること
　（2）過去2年間重大な交通事故を起こしていないこと
　（3）通勤のための公共交通機関がないこと、あるいはきわめて不便であること
　（4）自動車保険に加入していること
　（5）バイクが不正に改造されていないこと
（遵守事項）

第3条 会社からバイク通勤を許可された者（以下、「バイク通勤者」という）は、次に掲げる事項を誠実に遵守し、安全運転に努めなければならない。
　（1）交通法規および運転マナーをよく守って安全運転を行うこと
　（2）運転中はヘルメットを着用すること
　（3）飲酒運転、暴走運転をしないこと
　（4）通勤や帰宅を急ぐあまりに自動車の間を縫って走行しないこと
　（5）心身が疲労しているときは運転をしないこと
（駐　車）
第4条 バイク通勤者は、会社が指定した場所にバイクを駐車させなければならない。
（会社の免責事項）
　第5条 会社は、次に掲げる事項についてはいっさい責任を負わない。
　（1）バイク通勤者が通勤中に起こした事故
　（2）駐車中に生じたバイクの盗難、損傷など
（連　絡）
第6条 バイク通勤者は、通勤途上において交通事故を起こしたとき、または起こされたときは、直ちに会社に連絡しなければならない。
（許可の取消し）
第7条 会社は、バイク通勤者が次に掲げるときは、バイク通勤の許可を取り消すことがある。
　（1）この規程に違反したとき
　（2）交通違反を繰り返したとき
　（3）重大な交通事故を起こしたとき
　（4）その他、バイク通勤者として適格でないと認められるとき
（ガソリン代の支給）
第8条 会社は、バイク通勤者に対してガソリン代の実費を支給する。
（届　出）
第9条 バイク通勤者は、バイク通勤を中止したときは、会社に届け出なければならない。

(所　管)
第10条　バイク通勤に関する事項は総務部の所管とし、総務部長がこれを統括する。
2　バイク通勤者は、バイク通勤に関して総務部長から指示が出されたときは、その指示に従わなければならない。

(付　則)　この規程は、○○年○○月○○日から施行する。

(様式)　　　　　　　　　バイク通勤許可願

総務部長・所属部長殿

申請日	年　月　日	所属		氏名	

　　　　　　　　　　　バイク通勤許可願

1　バイク関係

バイクの種類		メーカー	
排気量		登録番号	

2　免許関係

種　類		有効期間	

3　保険関係

対人賠償保険金	
対物賠償保険金	
保険加入期間	年　月　日　～　年　月　日

4　バイク通勤を希望する理由

　道路交通法その他の関連法規を遵守して安全運転に努めます。万一交通事故を発生させたときは、私の責任でいっさいを処理し、会社に迷惑をかけないことを誓約いたします。

　　　　　　　　　　　　　　　　　　　　　　　　　　以　上

第11節 駐車場管理規程

1 規程の趣旨

　会社は、駐車場の管理を適切に行っていくことが必要である。管理が適切でないと、社有車の有効活用ができないのみならず、さまざまな問題を発生させる可能性がある。社有車を駐車させておくスペースさえ確保しておけばそれでよいというほど、単純なものではない。
　駐車場の管理について、現実的・合理的な規程を作成することが望ましい。

2 規程の内容

（1）**駐車場の管理部門**
　はじめに、駐車場の管理部門を定める。
（2）**利用できる自動車の範囲**
　駐車場を利用できる自動車は、社有車と来訪者の車とする。
（3）**利用者の心得**
　駐車場の管理を適切に行うため、「駐車場に物品を放置しないこと」「ごみを捨てないこと」「社有車以外の自動車を駐車させないこと」「駐車以外の目的で利用しないこと」など、利用者が守るべき事項を定める。

モデル規程

駐車場管理規程

（総　則）
第1条　この規程は、駐車場の管理について定める。
（所　管）
第2条　駐車場の管理は、総務部の業務とする。
（利用できる自動車の範囲）
第3条　駐車場を利用できる自動車は、次のとおりとする。
　（1）社有車
　（2）社外の来訪者の車
（駐車場の区分）
第4条　会社は、駐車場を次の2つに区分する。
　（1）社有車の駐車場
　（2）社外の来訪者の駐車場
（社有車の駐車）
第5条　社員は、社有車を業務で使用していないときは、駐車場に駐車させておかなければならない。
2　社有車を路上に駐車させてはならない。
（禁止事項）
第6条　社員は、駐車場について、次に掲げることをしてはならない。
　（1）物品を放置すること
　（2）ごみを捨てること
　（3）マイカーなど社有車以外の自動車を駐車させること
　（4）駐車以外の目的で利用すること
（許　可）
第7条　社員は、次の場合には、あらかじめ会社の許可を得なければならない。

（1）やむを得ない事由で駐車場に社有車以外の自動車を駐車させるとき
（2）駐車以外の目的で使用するとき

（総務部への通報）
第8条 社員は、駐車場において不審な人物または車両を見つけたときは、直ちに総務部へ通報しなければならない。

（指　示）
第9条 会社は、駐車場の使用について、必要に応じて社員に指示を出すことがある。
2　社員は、会社から指示が出されたときは、その指示に従わなければならない。

（付　則）この規程は、〇〇年〇〇月〇〇日から施行する。

第12節 マイカー用駐車場管理規程

1 規程の趣旨

社員に対しマイカー通勤を認めるときは、当然のことながら社内あるいは社外に駐車場を用意しなければならない。駐車場の管理を適切に行っていくため、管理規程を作成することが望ましい。

2 規程の内容

（1）管理部門
　駐車場は、適切、かつ整然と管理されることが必要である。このため、その管理に責任をもつ部門を明確にしておく。
（2）許可の基準
　駐車場の利用は許可制とすることとし、許可の基準を定める。許可の基準としては、「駐車場の収容能力」「申請者の運転技術」「自動車の車種、型式および外観」「自動車保険への加入状況」などが考えられる。
（3）利用者の心得
　「会社から指定された場所に駐車すること」「駐車場を清潔にすること」「駐車場への出入りに当たっては、他の車両および歩行者に十分注意すること」など、利用者の心得を明記する。
（4）会社の免責事項

駐車中に生じた車両の盗難、損傷などについて、会社はいっさい責任を負わないことを明確にしておく。

モデル規程

マイカー用駐車場管理規程

（総　則）
第1条　この規程は、マイカー用駐車場の管理について定める。
（所　管）
第2条　マイカー用駐車場の管理は総務部の業務とし、総務部長がこれを統括する。
（許可の申請）
第3条　駐車場の使用を希望する者は、会社に申請し、その許可を受けなければならない。
2　許可を受けていない社員は、駐車場を使用してはならない。
（許可の基準）
第4条　会社は、次に掲げる事項を審査して許可を決定する。
　（1）駐車場の収容能力
　（2）申請者の運転技術
　（3）自動車の車種、型式および外観
　（4）自動車保険への加入状況
　（5）その他、必要な事項
（申請者への通知）
第5条　会社は、許可を決定したときは、次の事項を速やかに申請者に通知する。
　（1）駐車位置
　（2）許可の有効期間
（許可の有効期間）
第6条　許可の有効期間は2年とする。

（許可の更新）

第7条 許可の更新を希望する者は、会社に申請し、その許可を受けなければならない。許可の更新については、第4条の規定を準用する。

（利用者心得）

第8条 駐車場を利用する者は、次の事項を遵守しなければならない。
（1）会社から指定された場所に駐車すること。指定されていない場所には絶対に駐車しないこと
（2）駐車場を清潔にすること。ごみを散らかさないこと
（3）駐車場への出入りに当たっては、他の車両および歩行者に十分注意すること
（4）他の車両に損傷を与えないこと。損傷を与えたときは、速やかに会社に報告すること
（5）駐車場において不審者または不審物を見つけたときは、直ちに会社に通報すること

（会社の免責）

第9条 会社は、駐車中に生じた車両の盗難、損傷などについていっさい責任を負わない。

（届　出）

第10条 駐車場を利用する者は、次のいずれかに該当するときは、速やかに会社に届け出なければならない。
（1）自動車を変更したとき
（2）マイカー通勤を中止するとき

（転貸の禁止）

第11条 駐車場の利用を許可されている者は、許可されていない者にその権利を貸与してはならない。

（特別の指示）

第12条 会社は、経営上の都合により、駐車場の使用について特別の指示を出すことがある。会社から特別の指示が出されたときは、社員は、その指示に従わなければならない。

（廃　止）

第6章　自動車・バイク・駐車場

第13条　会社は、経営上の都合により、駐車場を廃止することがある。この場合、社員は無条件で会社の決定に従わなければならない。

（付　則）この規程は、〇〇年〇〇月〇〇日から施行する。

第7章
受付・警備・防火

第1節　来客応対規程
第2節　受付社員服務規程
第3節　警備規程
第4節　警備員服務規程
第5節　防火規程
第6節　消防訓練規程
第7節　自衛消防隊規程

第1節 来客応対規程

1 規程の趣旨

　会社には、さまざまな人が訪れる。その多くは、ビジネスの関係者であるが、ときには、「歓迎できない客」「好ましくない人物」もやってくる。会社は、来客者をその来訪目的に応じて適切に応対しなければならない。
　ビジネスで来訪する者や重要な人物に対して、不快感・不信感を与えるようなことがあってはならない。来客の応対について基本的なルールを定めておくことが望ましい。

2 規程の内容

（1）応対のルール
　「来客者に対して会社名・氏名・来訪目的を確認する」など、来客の応対の基本的なルールを定める。
（2）応対の場所
　来客の応対は、原則として応接室または会議室において行うものとする。それ以外の場所で応対するときは、あらかじめ会社の許可を得るものとする。
（3）応対の時間帯
　来客の応対は、原則として勤務時間内に行うものとする。

モデル規程

来客応対規程

（総　則）
第1条　この規程は、来客の応対について定める。
（氏名などの確認）
第2条　会社は、来客に対し、受付において次の事項を確認する。
　（1）氏名
　（2）所属する組織（会社、団体等）
　（3）会社に来た目的
　（4）面会を希望する社員の氏名、所属
2　来客が2人以上のときは、代表者について、次の事項を確認する。
　（1）所属する組織（会社、団体等）
　（2）代表者の氏名
　（3）人数
　（4）会社に来た目的
　（5）面会を希望する社員の氏名、所属
（来客者カード）
第3条　来客が会社の中に立ち入るときは、上着の見える個所に「来客者カード」を付けてもらう。
（立ち入りの拒否）
第4条　次に掲げる者は、会社への立ち入りを拒否する。
　（1）氏名または来訪目的を告げない者
　（2）挙動不審な者
　（3）危険物を所持している者
　（4）その他、会社の秩序・安寧を乱す恐れのある者
（来客への応対）
第5条　社員は、できる限り速やかに来客に応対しなければならない。

第7章 受付・警備・防火

会議などのためにすぐには応対できないときは、来客にその旨を知らせなければならない。
（応対の場所）
第6条 来客の応対は、原則として応接室または会議室において行うものとする。
2 来客を応接室および会議室以外へ案内するときは、あらかじめ総務部長の許可を得なければならない。
3 応対を終えたときは、来客を玄関まで見送り、来客が会社の施設から退出したことを確認しなければならない。
（応対の時間帯）
第7条 来客の応対は、原則として勤務時間内において行うものとする。
2 勤務時間外に応対するときは、あらかじめ総務部長の許可を得なければならない。ただし、勤務時間内の応対が勤務時間外に及ぶときは、この限りでない。
（規程外の対応）
第8条 来客の応対についてこの規程にない事項については、総務部長が決定する。
2 社員は、来客の応対についてこの規程にない事項については、総務部長の決定に従わなければならない。

（付　則）この規程は、〇〇年〇〇月〇〇日から施行する。

第2節 受付社員服務規程

1 規程の趣旨

　ある程度規模が大きく、来客の多い会社は、入口に受付係を置いてその応対に当たっている。受付係は、いわば会社の「顔」であるから、来客に礼儀正しく応対することが必要である。応対の仕方が良くないと、来客の心象を害することになる。専門の受付社員を置いている会社は、受付社員の服務基準を定めておくことが望ましい。

2 規程の内容

(1) 受付社員の業務
　はじめに、受付社員の業務を明確にする。
(2) 服務心得
　「制服を着用すること」「みだりに席を離れないこと」「来客に対し、明るくさわやかに接すること」「ていねいな言葉を使うこと」など、服務上の心得を明記する。
(3) 総務課への連絡
　受付社員に対し、「来客が氏名、来訪目的などを告げないとき」「来客が威圧的・脅迫的な態度を示すとき」「来客の挙動が不審であるとき」などのときには、総務課に連絡させることにする。

モデル規程

受付社員服務規程

（総　則）
第1条　この規程は、受付社員の服務について定める。
（受付社員の業務）
第2条　受付社員は、来客について、次の事項を確認し、これを直ちに社員に取り次ぐものとする。
　（1）氏名
　（2）所属する会社、団体等
　（3）来訪目的
　（4）面会を希望する社員の氏名、所属
2　来客が、面会を希望する社員が会議や外出などのために面会できないときは、来客に対し、その旨を告げるものとする。
（会社の担当者を知らないとき）
第3条　来客が、会社の担当者を知らないときは、来訪目的から担当部門を推定し、その部門に取り次ぐものとする。
2　取り次いだ部門が面会を辞退したときは、来客に対し、その旨を告げるものとする。
（総務課への連絡）
第4条　受付社員は、次の場合には、これを総務課に連絡し、その指示に従わなければならない。
　（1）来客が氏名、来訪目的などを告げないとき
　（2）来客が威圧的・脅迫的な態度を示すとき
　（3）来客の挙動が不審であるとき
　（4）その他、総務課へ連絡することが適切であると判断されるとき
（服務心得）
第5条　受付社員は、業務において次の事項に心がけなければならない。

（1）制服を着用すること
（2）みだりに席を離れないこと
（3）来客に対し明るくさわやかに接すること
（4）来客に対していねいな言葉を使うこと
（5）派手な化粧をしないこと
（6）来客に対しすぐに応対すること。待たせないこと
（7）私用電話をかけないこと
（8）服装、年齢、性別などで来客を差別的に取り扱わないこと
（9）よく出入りする来客については、氏名・会社名などを覚えるように努めること
（10）各部門の担当業務および社員の氏名・所属を覚えるように努めること

（届　出）
第6条　受付社員は、遅刻、早退または欠勤をするときは、あらかじめ会社に届け出なければならない。

（付　則）この規程は、○○年○○月○○日から施行する。

第3節 警備規程

1 規程の趣旨

　会社の金銭・物品や重要書類が盗まれたり、不審な人物が危険物を持って社内に立ち入ったりすると、業務に著しい支障が生じる。
　日常の警備は、会社にとって重要なリスクマネジメントである。人の出入りが多い会社や、秘密性の高い業務を行っている会社は、警備の取扱いについて一定の合理的な基準を定めることが望ましい。

2 規程の内容

（1）警備の方法
　警備の方法を具体的に定める。警備員を配置して警備を行わせるときは、警備員の業務内容を定める。

（2）警備担当の部門
　警備を担当する部門を定める。警備員を配置して警備を行わせるときは、警備員の所属部門または警備員を監督する責任者を定める。

（3）社員の協力義務
　警備は、警備担当者（専任の警備員を配置するときは、警備員）

の責任である。しかし、警備担当者だけで完全な警備ができるわけではない。警備を完全に行うためには、社員の協力が必要不可欠である。

このため、「社員は、会社と社員の安全を確保するために、警備員の警備業務に協力しなければならない」旨明記する。

モデル規程

警備規程

（総　則）
第1条　この規程は、会社の警備について定める。
（警備員の配置）
第2条　会社は、会社と社員の安全を確保し、業務を円滑に遂行するために、警備を専門に行う警備員を配置する。
２　警備員は、警備に関して知識と経験を有する者とする。
（警備員の監督）
第3条　警備員は総務部の所属とし、総務部長（総務部長を欠くときは、総務部次長）がその監督を行う。
（警備員の業務）
第4条　警備員は、次の業務を行う。
　（1）会社に出入りする者のチェック
　（2）不審者の会社への立ち入りの防止
　（3）来訪者の所持品、搬入物の検査（必要に応じ）
　（4）社内の巡回
　（5）盗難の防止
　（6）会社において異常事態が生じたときの緊急措置
　（7）その他、会社と社員の安全の確保に必要なこと
（権限の付与）
第5条　会社は、警備員に対し、警備員が前条に定める業務を行うのに

必要な権限を与える。
（社員の協力義務）
第6条 社員は、会社と社員の安全を確保するために、警備員の警備業務に協力しなければならない。
2　社員は、会社において異常事態が生じたときは、直ちに警備員に通報しなければならない。

（付　則）この規程は、〇〇年〇〇月〇〇日から施行する。

第4節 警備員服務規程

1 規程の趣旨

　警備にはさまざまな方法があるが、もっとも一般的・普遍的なものは専門の警備員の配置である。警備員の主な職務は、会社と社員の安全を確保するために来訪者をチェックし、不審者の侵入を防ぐことであるが、だからといって来訪者に悪い印象を与えるようなことがあってはならない。
　警備員を配置する会社は、警備員の服務心得を定めることが望ましい。

2 規程の内容

（1）所属部門
　はじめに警備員の所属部門を定める。
（2）業務内容
　警備員の業務内容を定める。
（3）服務心得
　「常に体調を整えて勤務に当たること」「勤務中は制帽・制服を着用すること」「社内を巡回するときを除き、みだりに席を離れないこと」など、警備員が服務上守るべき事項を定める。

> モデル規程

警備員服務規程

（総　則）
第1条　この規程は、警備員の服務について定める。
（所　属）
第2条　警備員の所属は、総務部とする。
（業務内容）
第3条　警備員の業務は、次のとおりとする。
　（1）会社において、盗難・不法侵入・暴力・火災などの非常事態が発生しないようにすること
　（2）非常事態が発生したときに、適切な対応措置を講ずること
（不審者の侵入防止）
第4条　警備員は、会社に不審者が侵入しないよう十分警備しなければならない。
2　不審者が会社に立ち入ろうとしたときは、来訪の目的などを尋ね、立ち入りを阻止しなければならない。
3　会社において不審者を発見したときは、直ちに退去させなければならない。退去しないときは、警察に通報しなければならない。
（携帯物の検査）
第5条　警備員は、会社において異常事態が発生しないよう、必要に応じて、来訪者の携帯物および業者の搬入物を検査するものとする。
2　携帯物・搬入物の検査は、あらかじめ本人の同意を得て行う。本人が同意しないときは、会社への立ち入りを拒否しなければならない。
3　携帯物・搬入物の検査は、要領よく手短に行わなければならない。
（不審物の取扱い）
第6条　警備員は、会社において不審物を発見したときは、これを安全な場所に移動させなければならない。

2　不審物に手を触れることが危険であると判断されるときは、これを警察に届け出るものとする。

（会社内の巡回）

第7条　警備員は、定期的に会社内を巡回し、異常事態が発生していないことを確認しなければならない。

2　巡回を終えたときは、次の事項を警備日誌に記載しなければならない。
　（1）巡回の時間
　（2）異常の有無
　（3）その他、必要事項

（服務心得）

第8条　警備員は、業務において、次の事項に心がけなければならない。
　（1）警備について使命感を持つこと
　（2）常に体調を整えて勤務に当たること
　（3）制帽・制服を着用すること
　（4）社内を巡回するときを除き、みだりに席を離れないこと
　（5）来訪者に対し、ていねいに接すること
　（6）予断を持って警備に当たらないこと
　（7）服装、年齢、性別などで来訪者を差別的に取り扱わないこと
　（8）消火設備、防犯設備の所在場所を確認しておくこと
　（9）異常事態が生じたときは、迅速に行動すること
　（10）よく出入りする来訪者については、氏名・会社名などを覚えるように努めること
　（11）社員の氏名・所属を覚えるように努めること
　（12）警備上判断に迷うときは、総務部長の指示を求めること

（届　出）

第9条　警備員は、遅刻、早退または欠勤をするときは、あらかじめ会社に届け出なければならない。

（総務部長の指示）

第10条　警備員は、勤務時間、警備の方法などに関して総務部長から指

示が出されたときは、その指示に従わなければならない。

（付　則）この規程は、○○年○○月○○日から施行する。

第5節 防火規程

1 規程の趣旨

　火災が発生すると、会社は、大きな被害を受ける。場合によっては、再建不能なダメージを受けることもある。火災の防止に組織的・計画的に取り組むことは、会社にとって重要なリスクマネジメントである。
　消防法も、火災の発生を未然に防止するという観点から、会社に対し、防火責任者や火元責任者を置くなどして、火災の防止に組織的・計画的に取り組むことを義務づけている。

2 規程の内容

（1）防火責任者
　防火責任者を置くこととし、その業務を定める。
（2）火元責任者
　職場ごとに火元責任者を置くこととし、その業務を定める。
（3）消火器の設置
　防火のため、職場ごとに消火器および避難器具を設置するのがよい。
（4）火気の取扱い
　業務において、火気を使用するときのルールを定める。

（5）危険物の持ち込み禁止

会社に危険物を持ち込むことを禁止する。

（6）非常出入口

社員に対し、「建物の非常出入口を知っておくこと」「非常出入口に物品を置かないこと」を求める。

（7）消火・避難訓練

有事に際して被害を最小限にとどめるため、定期的に消火・避難訓練を行うのがよい。

モデル規程

防火規程

（総　則）
第1条　この規程は、防火対策について定める。
（防火責任者）
第2条　会社は、防火責任者を置く。
2　防火責任者の業務は、次のとおりとする。
　（1）消火機器・避難器具の整備、点検
　（2）社員の火気使用の監督
　（3）消火・避難訓練の企画、実施
　（4）社員に対する防火意識の啓発
　（5）火災発生時の避難の誘導
　（6）その他、防火に関すること
（火元責任者）
第3条　会社は、職場ごとに火元責任者を置く。
2　火元責任者の業務は、次のとおりとする。
　（1）職場の消火機器・避難器具の整備、点検
　（2）社員の火気使用の監督

（3）社員に対する防火意識の啓発
　（4）火災発生時の避難の誘導
　（5）その他、職場における防火に関すること

（消火器の設置）
第4条　会社は、職場ごとに消火器および避難器具を設置する。
2　社員は、消火器・避難器具の設置場所および使用方法を知っておかなければならない。

（火気の取扱い）
第5条　社員は、業務において火気を使用するときは、あらかじめ防火責任者に届け出なければならない。
2　火気の使用は、指定された場所において行い、かつ、火元責任者が立ち会わなければならない。
3　火気を使用し終えたときは、火を完全に始末し、その旨を防火責任者に報告しなければならない。

（危険物の持ち込み禁止）
第6条　社員は、会社に危険物を持ち込んではならない。

（非常出入口）
第7条　社員は、建物の非常出入口を知っていなければならない。
2　社員は、非常出入口に物品を置いてはならない。

（消火・避難訓練）
第8条　会社は、有事に際して被害を最小限にとどめるため、定期的に消火・避難訓練を行う。
2　社員は、特別の事情がない限り、消火・避難訓練に参加しなければならない。

（火災発生時の対応）
第9条　社員は、火災が発生したときは、最寄りの消火器で消火に努め、直ちに消防署に通報しなければならない。

（避　難）
第10条　社員は、職場において火災が発生したときは、火元責任者の誘導に従って、迅速かつ整然と避難しなければならない。

（付　則）この規程は、〇〇年〇〇月〇〇日から施行する。

第6節 消防訓練規程

1 規程の趣旨

「備えあれば憂いなし」という諺がある。火災についても、同様である。有事の際に迅速・的確に行動するためには、毎年定期的に消防訓練を実施することが望ましい。消防訓練の基準を規程として明文化する。

2 規程の内容

（1）実施の頻度
　実施の頻度を定める。消防訓練は、火災の発生に備えるものであるため、毎年定期的に実施することが望ましい。
（2）訓練の内容
　訓練の内容を定める。
（3）訓練の対象者
　訓練の対象者を定める。消防訓練は、火災の発生に備えるものであるため、できる限り多くの社員を対象にして実施することが望ましい。
（4）所管部門
　消防訓練の企画および実施の担当部門を明確にしておく。

モデル規程

消防訓練規程

（総　則）
第1条　この規程は、火災の発生に備えるための消防訓練について定める。
（実施の頻度）
第2条　会社は、毎年1回、消防訓練を実施する。
（訓練の内容）
第3条　消防訓練の内容は、次のとおりとする。
　（1）火災発生の通報、伝達
　（2）消火器の設置場所および使用方法の確認
　（3）初期消火の方法
　（4）消防署への通報
　（5）重要書類等の持ち出し
　（6）非常口の確認
　（7）社員の避難誘導
（訓練の日時）
第4条　消防訓練の日時は、そのつど決定し、社員に知らせる。
（訓練の対象者）
第5条　消防訓練は、すべての社員を対象にして実施する。
（参加の義務）
第6条　社員は、特別の事情がない限り、消防訓練に参加しなければならない。
（企画・実施）
第7条　消防訓練の企画および実施は、総務課の所管とする。
　2　消防訓練の企画および実施については、必要に応じて消防署の協力を得るものとする。
（付　則）この規程は、○○年○○月○○日から施行する。

第7節 自衛消防隊規程

1 規程の趣旨

　消防法は、一定規模以上の事業所に対し、「火災が発生したときに、消防隊が火災の現場に到着するまで、消火、延焼の防止、人命の救助を行わなければならない」と、自衛消防隊の設置を義務づけている。
　中小規模の事業所は、自衛消防隊を設置するべき法的な義務はないが、有事の際に迅速・的確に対応するためには自衛消防隊を設置することが望ましい。
　自衛消防隊を設置するときは、その任務、組織、隊員の任命手続き、出動条件などの基準を定めることが望ましい。

2 規程の内容

（1）任務
　　自衛消防隊の任務を定める。
（2）組織
　　自衛消防隊の組織を定める。
（3）隊長などの任務
　　隊長、副隊長、隊員などの任務を定める。
（4）任命の手続き

隊長等の任命の手続きを定める。
（5）出動
　自衛消防隊は、社長から出動命令が発せられたときは、直ちに出動し、消火活動に当たらなければならない旨定める。
（6）消防署との関係
　自衛消防隊は、消防署が到着した後は、消防署の指示に従って行動する旨定める。
（7）社員に対する指示
　隊長は、火災に伴う被害を最小限にとどめるため、社員に対して必要な指示を発することができる旨定める。

モデル規程

自衛消防隊規程

（目　的）
第1条　会社は、火災発生時に迅速かつ的確に対応し、被害を最小限にとどめるため、自衛消防隊を組織する。
（任　務）
第2条　自衛消防隊の任務は、次のとおりとする。
　（1）消防署への通報
　（2）緊急消火活動
　（3）非常時持出し品の持出し
　（4）社員の避難誘導
　（5）延焼防止対策
　（6）負傷者の救急介護
　（7）消防署からの指示事項の実施
　（8）その他、消防に関すること
（組　織）

第3条 自衛消防隊の組織は、次のとおりとする。
　　　　　社長―――隊長―――副隊長―――隊員

（隊長などの任務）

第4条 社長は、自衛消防隊を統括する。

2　隊長は、自衛消防隊の消防活動を指揮命令する。

3　副隊長は、隊長を補佐する。隊長に事故あるときは、隊長の業務を代行する。

4　隊員は、隊長の指揮命令に従って消防活動に当たる。

（員　数）

第5条 隊長および副隊長は各1名、隊員は、各課1名とする。

（隊長などの任命）

第6条 隊長および副隊長は、社長が任命する。隊員は、各部長が推薦した者を社長が任命する。

（任　期）

第7条 隊長、副隊長および隊員の任期は、2年とする。ただし、再任を妨げないものとする。

（出動命令）

第8条 社長は、次の場合に自衛消防隊に出動命令を発する。
　（1）会社において火災が発生したとき
　（2）会社の周辺において火災が発生し、会社に延焼する恐れがあるとき

（出　動）

第9条 自衛消防隊は、社長から出動命令が発せられたときは、直ちに出動し、消火活動に当たらなければならない。

（消防署との関係）

第10条 自衛消防隊は、消防署が到着した後は、消防署の指示に従って行動するものとする。

（社員に対する指示）

第11条 隊長は、火災に伴う被害を最小限に留めるため、社員に対して必要な指示を発することができる。

2 社員は、隊長から指示が発せられたときは、その指示に従わなければならない。

（消防訓練）

第12条 自衛消防隊は、火災発生時に迅速かつ整然と対応するため、社員を対象として消防訓練を行わなければならない。

2 社員は、消防訓練に参加できない特別の事情がない限り、消防訓練に参加しなければならない。

（付　則）この規程は、〇〇年〇〇月〇〇日から施行する。

第8章
不動産・知的財産管理

第1節　固定資産管理規程
第2節　社宅規程
第3節　独身寮規程
第4節　特許権管理規程
第5節　特許権侵害対策規程
第6節　意匠権管理規程
第7節　意匠権・商標権侵害
　　　　対策規程
第8節　職務発明褒賞金規程

第1節 固定資産管理規程

1 規程の趣旨

　固定資産は、ビジネスを遂行し利益を発生させるための重要な手段であると同時に、経済的価値の大きい財産である。したがって、会社は、固定資産の確実な保全と円滑な運用を図ることを目的とし、固定資産の管理に関する基本事項を定めることが望ましい。

2 規程の内容

（1）固定資産の範囲
　はじめに、経営の実態に即して管理の対象とする固定資産の範囲を定める。
（2）管理責任者
　固定資産の管理責任者を定める。一般的にいえば、総務部長が統括管理を行い、それを業務で使用する部門の長が個別管理を行うのが現実的であろう。
（3）取得などの決定手続き
　固定資産の取得、移動、売却、貸与、廃棄、担保の設定などは、取締役会の決定により行うものとする。
（4）固定資産管理台帳の作成

固定資産の管理を適正に行うため、「固定資産管理台帳」を作成し、資産の名称、種類、管理部門、所在場所、取得年月日、取得価格などを記載しておくのがよい。

(5) 現物照合
保有する固定資産について、現物と固定資産台帳との照合を行うものとする。

(6) 登記・登録
固定資産を安全に管理するため、取得したときは、速やかに登記・登録の手続きを行い、その権利の所在を明確にする。

(7) 権利書などの保管
登記済権利証、許認可証など、固定資産の権利に関する重要書類の保管責任者を定める。

(8) 損害保険などの付保
火災などにより、損害を受ける恐れのある固定資産については、適正な料金による保険を付保する。

モデル規程

固定資産管理規程

(目　的)
第1条　この規程は、固定資産の確実な保全と円滑な運用を図ることを目的とし、固定資産の管理に関する基本事項を定める。

(固定資産の範囲)
第2条　この規程において「固定資産」とは、長期にわたり事業の用に供している資産または、将来事業の用に供することを目的として所有する資産をいい、次のとおりとする。
　(1) 有形固定資産
　　①建物・建物附属設備

　　　　②機械・装置
　　　　③車両
　　　　④工具・器具・備品
　　　　⑤土地
　　　　⑥建設仮勘定
　　（2）無形固定資産
　　　　①営業権
　　　　②借地権・地上権
　　　　③知的財産（特許権、商標権、意匠権、実用新案権、その他）
（管理責任者）
第3条　固定資産は、総務部長が統括管理を行い、それを業務で使用する部門の長が個別管理を行う。
（取得などの決定手続き）
第4条　固定資産の取得・移動・売却・貸与・廃棄・担保の設定などは、すべて取締役会の決定により行う。
（固定資産管理台帳）
第5条　経理部長は、次の種類別に固定資産管理台帳を作成しなければならない。
　（1）建物・建物附属設備
　（2）機械・装置
　（3）車両
　（4）工具・器具・備品
　（5）土地
　（6）無形固定資産
2　経理部長は、固定資産管理台帳を作成したときは、その写しを所管責任者に送付する。
（固定資産管理台帳の記載事項）
第6条　固定資産管理台帳には、次の事項を正確に記載しておかなければならない。
　（1）資産の名称、種類

（2）管理部門、所在場所
（3）製作者、製作年月日
（4）型式、構造、能力等
（5）取得年月日
（6）取得価格
（7）耐用年数
（8）減価償却の方法、償却率、残存価格
（9）年度償却額、償却累計額
（10）その他、必要事項

（保守点検）

第7条 各部門の長は、所管の固定資産について、定期的に点検し、必要に応じて補修・修理・取替えなどの措置を講じなければならない。

2 補修・修理・取替えなどの措置を講じたときは、その内容を総務部長および経理部長に報告しなければならない。

（現物照合）

第8条 各部門の長は、所管の固定資産について、毎年度末に現物と固定資産台帳との照合を行わなければならない。

2 経理部長は、すべての固定資産について、定期的に、現物と固定資産台帳との照合を行わなければならない。

3 照合の結果、固定資産台帳との間に差異があることを見つけたときは、速やかに総務部長に報告しなければならない。

（登記・登録）

第9条 土地・建物を取得したときは、速やかに登記手続を行う。

2 登記事項に変更が生じたときは、速やかに変更の手続きを行なう。

3 無形固定資産に関する登録手続きは、前2項に準ずる。

4 登記および登録の手続きは、総務部長が行う。

5 総務部長は、登記または登録を行ったときは、これを社長に報告する。

（権利書などの保管）

第10条 登記済権利証、許認可証など、固定資産の権利に関する重要書

類は、総務部長が保管する。

(損害保険などの付保)

第11条 火災などにより、損害を受ける恐れのある固定資産については、適正な料金による保険を付保する。

2 保険金の額は、次の事項を総合的に勘案して、取締役会において決定する。

　(1) 取得金額
　(2) 時価
　(3) 保険料

(保険事故の処理)

第12条 各部門の長は、所管の固定資産のうち保険を付保したものについて事故が発生したときは、速やかに総務部長に報告しなければならない。

2 総務部長は、部門の長から報告を受けたときは、速やかに保険会社に連絡し、保険金受取りの手続きを取るものとする。

(自動車保険の取扱い)

第13条 自動車保険の取扱いは、別に定める。

(付　則) この規程は、〇〇年〇〇月〇〇日から施行する。

8.1　固定資産管理規程

（様式）　　　　　　　　**固定資産管理台帳**

固定資産管理台帳

1　名称、種類など

名称・種類	
形式・構造・能力	
管理部門	
所在地	
取得年月日	年　　月　　日
取得価格	
耐用年数	

2　減価償却の方法など

減価償却の方法	□定額法　□定率法　□その他（　　　　）
償却率	
残存価格	

3　償却実績

	年度償却額	償却累計額
年度		
年度		
年度		
年度		
年度		

4　その他

231

第2節 社宅規程

1 規程の趣旨

　社員の間においてマイホーム志向がきわめて強いが、住宅は高価であるため、簡単には購入できない。また、民間の賃貸住宅の賃貸料は決して安くはない。このため、社宅が福利厚生において果たす役割はきわめて大きい。一方、会社にとって、社宅は重要な資産である。
　社宅を有している会社は、合理的な社宅規程を作成し、それによって社宅の管理を行っていくことが望ましい。

2 規程の内容

（1）管理責任者
　社宅の管理責任者を明確にしておく。
（2）入居資格
　社宅に入居できる者の資格を明確にしておく。
（3）入居手続き
　入居の手続きは、次のようにするのが適切であろう。
　ア　社員に入居願を提出させる
　イ　会社として入居資格の有無を審査し、入居の可否を決定する

ウ　入居を認められた者は、一定期間内に入居する
（4）入居期限
　入居期限の取扱いには、
　・特に定めない（本人が希望すればいつまでも入居できる）
　・一定の年齢までとする
　・一定の期間以内とする（例えば、１０年以内）
などがある。
（5）入居者の禁止事項
　入居者が行ってはならないことを定める。
（6）工事代・修理代の負担区分
　社宅の維持に必要とされる工事代・修理代の負担区分を定める。
（7）退去の条件
　退去の条件を定める。

モデル規程

社宅規程

第１章　総　則

（目　的）
第１条　この規程は、社宅の管理について定める。
（管理責任者）
第２条　会社は、社宅の管理を適切に行うため、管理責任者を置く。
　２　管理責任者は、本社においては人事部長、本社以外の事業場においては当該事業場長とする。
（入居者の義務）
第３条　社宅の入居者は、この規程を誠実に遵守するとともに、管理責任者の指示に従わなければならない。

第2章　入　居

（入居資格）
第4条　社宅に入居できる者は、就業規則で定める正規従業員のうち、次のいずれかに該当する者とする。ただし、世帯主に限る。
　（1）住宅に困窮していること
　（2）通勤に不便な地域に居住していること

（入居願の提出）
第5条　社宅への入居を希望する者は、「社宅入居願」に必要事項を記入し、管理責任者に提出しなければならない。

（審　査）
第6条　管理責任者は、入居願が提出されたときはその内容を審査し、入居の可否を決定する。

（通　知）
第7条　管理責任者は、入居の可否を決定したときは、速やかに申請者に通知する。
2　管理責任者は、社宅に余裕がないときは、申請者に対し入居時期の延期を求めることができる。

（入居期限）
第8条　社宅の入居期限は、入居後満10年とする。入居期限が満了したときは、直ちに退去しなければならない。

（入居期間）
第9条　社宅への入居を許可された者（以下、「使用者」という）は、許可後2週間以内に入居しなければならない。
2　2週間以内に入居しないときは、入居を取り消すことがある。ただし、あらかじめ管理責任者の許可を得たときは、この限りではない。

（同居人の範囲）
第10条　使用者が同居させることのできる者は、原則として次に掲げる者とする。
　（1）配偶者

（2）子
（3）本人および配偶者の親
（異動届の提出）
第11条　使用者は、同居人に異動があったときは、管理者に届け出なければならない。

第3章　使用料

（使用料）
第12条　社宅の使用料については、別に定める。
（使用料の徴収）
第13条　使用料は、使用者の当月分給与から控除して徴収する。

第4章　社宅の使用

（遵守事項）
第14条　使用者は、次の事項を遵守しなければならない。
　（1）他の使用者と円滑な隣人関係を維持すること
　（2）家屋および設備を大切に取り扱うこと
　（3）火災および盗難の予防に万全を期すること
（禁止事項）
第15条　使用者は、次の事項を行ってはならない。
　（1）管理責任者の許可を得ることなく、社宅の改修を行うこと
　（2）管理責任者の許可を得ることなく、第10条に定める者以外の者を社宅に居住させること
　（3）使用者相互間で転住を行うこと
　（4）社宅内で営業行為を行うこと
　（5）社宅を第三者に転貸すること
　（6）他の使用者に迷惑を及ぼす行為をすること
　（7）風紀、秩序を乱すこと
（費用負担）
第16条　使用者は、使用者個人にかかわる下記の費用を負担しなければ

ならない。
（1）電気、ガス、水道等の光熱費
（2）町内会費

（工事・修理代の負担）
第17条 社宅の維持に必要な工事および修理にかかわる費用は、会社が負担する。

（使用者負担）
第18条 障子の張り替え、ガラス戸の入れ替えその他軽易な修理にかかわる費用は、原則として使用者の負担とする。

（社宅補修願）
第19条 使用者は、社宅の工事または修理を必要とすると判断するときは、「社宅補修願」を管理責任者に提出しなければならない。
2　会社は、使用者から社宅補修願が提出されたときは、現場を調査し、必要と認めたときは工事を行う。

（損傷などの責任）
第20条 使用者は、故意または重大な過失によって社宅を損傷または滅失させたときは、原状に回復させるか、または原状回復のための費用を賠償しなければならない。

第5章　退　去

（退去命令）
第21条 使用者がこの規程に違反する行為をしたとき、または社宅の使用について不都合な行為を行ったときは、管理責任者は、当該使用者に対し、社宅からの退去を命令することがある。

（退去と退去期間）
第22条 使用者が次のいずれかに該当するときは、次に定める期間内に社宅を退去しなければならない。
　（1）前条により退去を命令されたとき　　　1週間以内
　（2）会社を懲戒解雇されたとき　　　　　　1週間以内
　（3）自己都合で退職したとき　　　　　　　1週間以内

(4) 転勤を命令されたとき　　　　　2週間以内
(5) 定年退職したとき　　　　　　　1ヶ月以内
(6) 会社都合により退職したとき　　1ヶ月以内
(7) 死亡したとき　　　　　　　　　1ヶ月以内
(8) 入居期限が満了したとき　　　　2週間以内

（原状回復義務）

第23条　使用者は、社宅を退去するときは、使用者の責による損傷、汚れなどを自己の費用で原状に回復しなければならない。

（退去届）

第24条　使用者は、社宅を退去するときは、あらかじめ管理責任者に退去の日時を届け出なければならない。

（立会い）

第25条　社宅の退去は、管理責任者の立会いのもとに行うものとする。

（立退き料、引越料の支給）

第26条　会社は、社宅からの立退き料および引越料はいっさい支給しない。

（付　則）この規程は、〇〇年〇〇月〇〇日から施行する。

第8章 不動産・知的財産管理

（様式1）　　　　　　　　　　　**社宅入居願**

人事部長・事業場長殿　　　　　　　　　　　　　年　　月　　日

（所属）　　　部　　　課　（氏名）　　　　　　㊞
（住所）

社宅入居願

1　入居希望など

入居希望理由	
入居希望月日	年　　月　　日以降

2　入居予定家族

氏名	続柄	年齢	幼稚園・学校名など

　社宅に入居したときは、社宅管理規程を遵守するとともに、会社の指示命令に従い、会社に迷惑をかけないことを誓います。もしこれに違反したときは、いかなる処分を受けても異議を申し立てません。

以　上

（様式2）　　　　　　　　　　　**社宅補修願**

人事部長・事業場長殿　　　　　　　　　　　　　年　　月　　日

（所属）　　　部　　　課　（氏名）　　　　　　㊞
（住所）

社宅補修願

社宅番号	
補修個所	
補修理由	
備　考	

　（注）補修個所および補修理由は、できる限り具体的に記載すること。

以　上

第3節 独身寮規程

1 規程の趣旨

　住宅に困窮している単身者のために、独身寮を設置している会社が少なくない。独身寮は、古くから代表的な福利厚生制度であると同時に、会社にとって重要な資産である。独身寮を有している会社は、その取扱い基準を規程として明確にしておくことが望ましい。

2 規程の内容

（1） 管理責任者
　独身寮の管理責任者を明確にしておく。
（2） 寮管理人の業務
　独身寮に管理人を置くときは、管理人の業務を定めておく。
（3） 入寮資格
　入寮資格を定める。なお、男女の一方にのみ入寮を認めるという取扱いは、男女雇用機会均等法に違反する。
（4） 入寮手続き
　入寮手続きは、次のとおりとする。
　　ア　入寮希望者に申請書を提出させる
　　イ　管理責任者が申請書の内容を審査し、入寮の可否を決定す

る
　ウ　入寮の可否を申請者に通知する
　エ　入寮を許可された者は、一定期間内に入寮する
（5）入寮期限
　独身寮については、入寮期限を決めるのが一般的である。その決め方には、
　　・年齢を基準とする（例えば、30歳に達するまで）
　　・年数を基準とする（例えば、5年まで）
などがある。
（6）入寮者の遵守事項
　入寮者が守るべき事項を定める。
（7）入寮者の禁止事項
　入寮者が行ってはならない事項を定める。
（8）退寮の条件
　退寮の条件を定める。

モデル規程

独身寮規程

第1章　総　則

（目　的）
第1条　この規程は、独身寮の管理について定める。
（管理責任者）
第2条　独身寮の管理責任者は人事部長とする。
（入寮者の義務）
第3条　独身寮に入ることを許可された者（以下、「入寮者」という）は、この規程を誠実に守り、寮の保全と秩序の維持に努めなければならない。

第2章　寮管理人

（寮管理人の選任）

第4条　会社は、独身寮の管理を円滑に行うため、寮管理人を置く。

（寮管理人の責任）

第5条　寮管理人は、人事部長の指揮命令を受け、寮の管理を責任をもって行うものとする。

（寮管理人の業務）

第6条　寮管理人は、寮の秩序の維持および入寮者の生活向上のため、次に掲げる業務を行う。

（1）入寮者名簿、管理日誌、備品台帳の作成と保管
（2）寮の建物および付属施設の点検と保全
（3）寮の保健衛生および環境の清潔保持
（4）寮の盗難、火災の防止
（5）入寮者と会社との連絡、報告
（6）その他、寮の管理に関すること

（寮管理人の労働条件）

第7条　寮管理人の給与、勤務時間その他の労働条件については、別に定める。

第3章　入寮資格

第8条　入寮資格者は、30歳未満の独身者で、次のいずれかに該当する者とする。

（1）通勤不可能な地域から採用された者
（2）業務上、入寮が必要であると認められる者
（3）通勤可能な地域に居住しているが、住宅事情の良くない者

（入寮期限）

第9条　入寮期限は、入寮者が満30歳に達するまでの間とする。満30歳に達したときは退寮しなければならない。

（入寮手続き）

第10条 入寮を希望する者は、「独身寮入寮願」に必要事項を記入のうえ、人事部長に提出しなければならない。
（審　査）
第11条 人事部長は、入寮願が提出されたときは、入寮資格の有無を審査し、入寮の可否を決定する。
（通　知）
第12条 人事部長は、入寮の可否を決定したときは、速やかに申請者に通知する。
2　人事部長は、寮に空室がないときは、申請者に対し、入寮時期の延期を求めることがある。
（入寮時期）
第13条 入寮を許可されたときは、2週間以内に入寮しなければならない。2週間以内に入寮しないときは、許可を取り消すことがある。

第4章　寮生活の規律

第14条 入寮者は、次の事項を誠実に守らなければならない。
　（1）寮管理責任者および寮管理人の指示命令に従うこと
　（2）建物、付属施設および備品を大切に扱うこと
　（3）居室の整理整頓と清潔に心がけること
　（4）共用施設の整理整頓と清潔に心がけること
　（5）寮内においては静粛にすること
　（6）火気の取扱いに注意すること
　（7）盗難に注意すること
（禁止事項）
第15条 入寮者は、次の事項を行ってはならない。
　（1）居室を無断で改装すること
　（2）寮内に危険物を持ち込むこと
　（3）建物、付属施設、備品に損傷を与えること
　（4）他の入寮者に迷惑を及ぼす行為をすること
　（5）室内で自炊をすること

（6）所定の場所以外で火気を使用すること
（7）寮内において、許可なくビラ、印刷物等を掲示、配布すること
（8）寮内において、許可なく政治活動、宗教活動をすること
（9）寮内において、家畜、鳥類を飼育すること
（10）その他、前各号に準ずること

（防火安全）
第16条 入寮者は、防火および安全について、次の事項を守らなければならない。
（1）火気、電気、ガスの取扱いについて注意を払うこと
（2）廊下、階段、非常口に障害物を置かないこと
（3）消火器、火災報知器、消火栓などの位置とその取扱い方法を知ること
（4）消火訓練、避難訓練に参加すること

（災害発生のとき）
第17条 入寮者は、火災その他の災害が発生したことを知ったときは、寮管理人または会社に速やかに通報するとともに、臨機応変の措置を行い、被害の防止に努めなければならない。

（門限）
第18条 門限は、午後11時とする。
2　やむを得ない事情によって門限の時刻を超えて外出し、または門限までに帰寮することができないときは、あらかじめ寮管理人に申し出なければならない。

（外泊）
第19条 入寮者は、出張、帰省その他の事由によって外泊するときは、あらかじめ寮管理人に申し出なければならない。

（食事）
第20条 食事については、別に定める。

（面会）
第21条 入寮者は、寮内において外来者と面会するときは、所定の場所において行わなければならない。

2　外来者との面会は午後10時までとする。

（寮生以外の者の宿泊）

第22条　入寮者は、寮生以外の者を宿泊させてはならない。やむを得ない事情によって宿泊させる場合には、あらかじめ寮管理人の許可を得なければならない。

（行　事）

第23条　入寮者は、寮内において行事を行うときは、あらかじめその日時、具体的内容、参加者などについて、寮管理人を通じて寮管理責任者に届け出てその許可を得なければならない。

第5章　寮　費

（寮　費）

第24条　入寮者は、居室の使用料（以下、「寮費」という）として別に定める金額を会社へ支払わなければならない。

（支払計算期間）

第25条　寮費の支払計算期間は、前月21日から当月20日までの1カ月間とする。

（徴収方法）

第26条　寮費は、給与から控除することによって徴収する。

第6章　修繕費

（修繕費の負担）

第27条　建物、付属施設および備品の修繕に要する費用は、会社が負担する。

（修繕費の弁償）

第28条　前条の規定にかかわらず、入寮者が故意または重大な過失によって、建物、付属施設または備品に損害を与えたときは、会社は、損害を与えた者に対し、損害の全部または一部を弁償させる。

第7章 退寮

（退　寮）

第29条　入寮者は、次のいずれかに該当するときは、その事由の発生後1週間以内に退寮しなければならない。

（1）結婚したとき
（2）会社を退職したとき
（3）退寮を希望したとき
（4）満30歳に達したとき
（5）この規程に違反し、寮管理責任者から退寮を命令されたとき

（原状回復）

第30条　入寮者は、退寮に当たっては、居室を原状に復さなければならない。

（点　検）

第31条　入寮者は、退寮に当たっては、居室について寮管理人の点検を受けなければならない。

（付　則）この規程は、〇〇年〇〇月〇〇日から施行する。

第8章 不動産・知的財産管理

（様式1）　　　　　　　　　　　**独身寮入寮願**

　　　　　　　　　　　　　　　　　　　　　　　　年　　月　　日

人事部長殿
　　　　　　　　　　（所属）　　部　　課（氏名）　　　　　印

　　　　　　　　　　　独身寮入寮願

入寮希望理由	
入寮希望月日	年　　月　　日
備　　　考	

（注）入寮希望理由は、具体的に記載すること。

（様式2）　　　　　　　　　　　**独身寮退寮届**

　　　　　　　　　　　　　　　　　　　　　　　　年　　月　　日

人事部長殿
　　　　　　　　　　（所属）　　部　　課（氏名）　　　　　印

　　　　　　　　　　　独身寮退寮届

退寮する理由	
退寮予定月日	年　　月　　日
備　　　考	

（注）１．一週間前までに提出すること。
　　　２．原状に復して退寮すること。
　　　３．管理人の点検を受けること。

第4節 特許権管理規程

1 規程の趣旨

　特許権は、会社にとって重要な資産である。特許権の取得には、相当の努力と長い期間が必要である。また、特許権は、権利として保護されることになっているが、侵害されることもある。さらに、実際に使用され、利益を創出するようになった段階で、権利の帰属や発明の対価をめぐって紛争が生じることもある。
　特許の取扱いについて、一定の合理的なルールを設けておくことが望ましい。

2 規程の内容

(1) 特許権取得の経営方針
　会社の発明のうち、次のいずれにも該当するものについて、特許権を取得することを明記する。
・自然法則を利用した技術的思想の創作のうち高度のもの
・他社が特許権を設定していないもの
・権利化したほうが経営上得策であると判断されるもの（権利の活用が見込めるもの、もしくは、他社が権利化する可能性があるもの）

(2) 台帳への記載

特許権を登録したときは、「特許権台帳」に登載する。
（3）実施権の帰属
特許権を実施する権利は、会社に帰属することを明確にする。
（4）職務発明の取扱い
社員が職務について行った発明については、その社員に対して相当の対価を支払うことにより、会社がその発明の実施権の譲渡を受ける旨明記する。
（5）侵害の監視
特許権が第三者によって不当に侵害されることのないよう、常に監視するものとする。

モデル規程

特許権管理規程

（総　則）
第1条　この規程は、特許権の取扱いについて定める。
（特許権取得の経営方針）
第2条　会社は、会社の発明のうち、次のいずれにも該当するものについて、特許権を取得する。
　（1）自然法則を利用した技術的思想の創作のうち高度のもの
　（2）他社が特許権を設定していないもの
　（3）権利化したほうが経営上得策であると判断されるもの（権利の活用が見込めるもの、もしくは、他社が権利化する可能性があるもの）
2　特許権を出願する案件は、そのつど、取締役会において決定する。
（取得の手続き）
第3条　取締役会において権利化することを決定したときは、直ちに、特許庁へ出願する。

2　出願した案件が公開されたときは、特許庁に対し、審査を請求する。
3　出願した案件が審査を通過し、特許査定が出されたときは、登録の手続きをとる。
4　特許権取得の手続きは、総務課が行う。
5　研究部門など関係各部は、総務課の権利化手続き業務によく協力しなければならない。

(弁理士の活用)
第4条　総務課は、権利化の手続きについて、必要に応じて弁理士を活用するものとする。

(台帳への記載)
第5条　特許権を登録したときは、次の事項を「特許権台帳」に登載する。
　(1) 発明の名称
　(2) 登録年月日
　(3) 特許の番号
　(4) 権利の有効期間
　(5) その他、必要事項

(実施権)
第6条　特許権を実施する権利は、会社に帰属するものとする。

(職務発明の取扱い)
第7条　社員が職務に関して行った発明については、その社員に対して相当の対価を支払うことにより、会社がその発明の実施権の譲渡を受ける。

(ライセンスの供与)
第8条　会社は、必要に応じ、ライセンスを第三者に供与する。

(侵害の監視)
第9条　会社は、特許権が第三者によって不当に侵害されることのないよう、常に監視するものとする。

(侵害対策)
第10条　会社は、特許権が第三者によって不当に侵害されていることを

確認したときは、侵害を直ちに中止するよう警告する。
2　会社は、会社の特許権を侵害した者が会社の中止警告に応じないときは、直ちに侵害行為の差止め請求訴訟など必要な措置を講じる。

（付　則）この規程は、〇〇年〇〇月〇〇日から施行する。

第5節 特許権侵害対策規程

1 規程の趣旨

　特許権は、発明を奨励し、産業の発展を期する目的で、発明者に対して与えられる固有の権利である。特許権の侵害は、本来的にあってはならないことであるが、実際には、侵害行為が頻発する。特許権を不当に侵害されると、会社は、独占的な利益を得ることができなくなり、大きな損害を蒙る。
　会社は、特許権が侵害されていないかどうか、常に監視すると同時に、侵害されたときは迅速に対応することが必要である。

2 規程の内容

(1) 侵害の監視義務
　特許権は、いつ侵害されるか、また、誰が侵害するか、まったく予測できない。このため、社員に対し、会社の特許権が第三者によって不当に侵害されていないかどうか、常に慎重に監視する義務を課す。

(2) 侵害者への警告
　特許権が侵害されたときは、侵害者に対し、侵害行為の即時中止を警告するとともに、会社が受けた損害の賠償を請求する。

(3) 民事訴訟

侵害者が会社の中止警告を無視したり、あるいは、不誠実な対応を示したりしたときは、裁判所に対し、侵害行為の中止、損害の賠償などを求める民事訴訟を起こす。

（4）差止めの仮処分申立て

民事訴訟について裁判所の判決が下るまでには相当の期間がかかる。そこで、侵害行為の停止について緊急の必要があると認められるときは、裁判所に対し、侵害行為停止の仮処分を申し立てる。

モデル規程

特許権侵害対策規程

（総　則）
第1条　この規程は、特許権の侵害対策について定める。
（社員の侵害監視義務）
第2条　社員は、会社の特許権が第三者によって不当に侵害されていないかどうか常に慎重に監視していなければならない。
（会社への通報）
第3条　社員は、会社の特許権が不当に侵害されていることを知ったときは、直ちに総務課（特許管理係）に通報しなければならない。
（事実関係の調査）
第4条　総務課は、社内または社外から、会社の特許権が不当に侵害されているという情報を入手したときは、直ちに事実関係を調査する。
（弁護士などの意見聴取）
第5条　総務課は、第三者の行為が会社の特許権の侵害に該当するかどうか判断に迷うときは、必要に応じて、弁護士または弁理士の意見を求めるものとする。
（侵害者への警告）

第6条　事実関係の調査の結果、会社の特許権が不当に侵害されていることが確認されたときは、侵害者に対し、侵害行為の即時中止を警告するとともに、損害の賠償を請求する。
2　侵害行為の即時中止の警告と損害賠償の請求は、書面で行い、かつ、回答の期限日を設ける。

（ライセンス契約の話合い）
第7条　侵害者が侵害行為を認め、会社に対し、特許権のライセンスの供与を求めてきたときは、話合いに応じる。

（民事訴訟）
第8条　侵害者が会社の警告を無視したとき、または侵害者の対応に誠実さを欠くときは、裁判所に対し、次の事項を内容とする民事訴訟を起こす。
　（1）侵害行為の中止
　（2）会社が蒙った損害の賠償
　（3）侵害者が得た不当利得の返還
　（4）会社の信用回復措置の履行

（差止めの仮処分申立て）
第9条　侵害行為の停止について緊急の必要があると認められるときは、裁判所に対し、侵害行為停止の仮処分を申し立てる。

（刑事訴訟）
第10条　侵害者の侵害行為が悪質であるときは、裁判所に対し、刑事訴訟を起こす。

（弁護士・弁理士の活用）
第11条　民事訴訟および刑事訴訟については、弁護士および弁理士を活用する。

（実施の手続き）
第12条　この規程で定めるもののうち、次の事項は、取締役会の決定により行う。
　（1）侵害者に対する警告と損害賠償請求
　（2）侵害者に対するライセンスの供与

第8章　不動産・知的財産管理

　　（3）侵害者に対する民事訴訟の提訴
　　（4）仮処分の申立て
　　（5）侵害者に対する刑事訴訟の提訴
（マスコミへの働きかけ）
第13条　会社は、侵害行為が悪質であるときは、新聞、テレビなどのマスコミに対して材料を提供し、報道するよう働きかける。

（付　則）この規程は、〇〇年〇〇月〇〇日から施行する。

第6節 意匠権管理規程

1 規程の趣旨

　商品を販売するうえで、意匠（デザイン）はきわめて重要である。

　意匠は、意匠法により、権利として保護されることになっているが、侵害されることもある。安易に経済的な利益を得ることができるからである。

　さらに、実際に使用され、利益を創出するようになった段階で、権利の帰属や発明の対価をめぐって紛争が生じることもある。

　意匠の取扱いについて、一定の合理的なルールを設けておくことが望ましい。

2 規程の内容

（1）意匠権取得の経営方針

　会社が創作した意匠のうち、「新規性、創作性に優れているもの」「他社が意匠権を設定していないもの」「権利化したほうが経営上得策であるもの」について、意匠権を取得することを明確にする。

（2）実施権の帰属

　意匠権を実施する権利は、会社に帰属することを明確にする。

（3）職務創作の取扱い

社員が職務に関して創作した意匠については、その社員に対して相当の対価を支払うことにより、会社が実施権の譲渡を受ける旨明記する。

（4）侵害の監視

意匠権は、安易に模倣される危険性がある。このため、第三者によって不当に侵害されることのないよう、常に監視するものとする。

モデル規程

意匠権管理規程

（総　則）
第1条　この規程は、意匠権の取扱いについて定める。
（意匠権取得の経営方針）
第2条　会社は、会社が創作した意匠のうち、次のいずれにも該当するものについて、意匠権を取得する。
　（1）新規性、創作性に優れているもの
　（2）他社が意匠権を設定していないもの
　（3）権利化したほうが経営上得策であると判断されるもの（権利の活用が見込めるもの、もしくは、他社が権利化する可能性があるもの）
（出願案件の決定と登録手続き）
第3条　意匠権を出願する案件は、そのつど、取締役会において決定する。
2　取締役会において権利化することを決定したときは、直ちに、特許庁へ登録する。
3　意匠権登録の手続きは、総務課が行う。
（弁理士の活用）

第4条 総務課は、権利化の手続きについて、必要に応じて弁理士を活用するものとする。

（非公表の請求）

第5条 会社は、必要と認めたときは、特許庁長官に対し、登録意匠を公表しないことを請求する。

（実施権）

第6条 意匠権を実施する権利は、会社に帰属するものとする。

（職務創作の取扱い）

第7条 社員が職務に関して創作した意匠については、その社員に対して相当の対価を支払うことにより、会社が実施権の譲渡を受ける。

（侵害の監視と対策）

第8条 会社は、意匠権が第三者によって不当に侵害されることのないよう、常に監視するものとする。

2　意匠権が第三者によって不当に侵害されていることを確認したときは、侵害を直ちに中止するよう警告する。

3　侵害した者が会社の中止警告に応じないときは、直ちに侵害行為の差止め請求訴訟など必要な法的措置を講じる。

（付　則）この規程は、〇〇年〇〇月〇〇日から施行する。

第7節 意匠権・商標権侵害対策規程

1 規程の趣旨

　意匠（デザイン）および商標（ブランド）は、商品を販売するうえできわめて重要な手段である。
　意匠権・商標権は守られなければならないが、心ない者によって侵害されやすい。会社は、意匠権・商標権が不正に侵害されることのないように慎重に保護すると同時に、不幸にして侵害されたときは、迅速、かつ、的確に対応することが必要である。
　迅速、的確に対応するため、あらかじめ対応の手順を規程として取りまとめておくことが望ましい。

2 規程の内容

(1) 侵害の監視義務
　社員に対し、会社の意匠および商標が第三者によって、不当に侵害されていないかどうか常に慎重に監視することを義務づける。

(2) 会社への通報義務
　社員に対し、会社の意匠または商標が第三者によって、不当に侵害されていることを知ったときは、直ちに総務課（意匠・商標権係）に通報することを義務づける。

(3) 侵害者への警告
　事実関係の調査の結果、会社の意匠権または商標権が不当に侵害されていると確認されたときは、侵害者に対し、侵害行為の即時中止を警告する。

(4) 民事訴訟
　侵害者が会社の警告を無視したとき、または侵害者の対応に誠実さを欠くときは、裁判所に対し、「侵害行為の中止」「損害の賠償」などを内容とする民事訴訟を起こす。

(5) 差止めの仮処分申立て
　侵害行為の停止について緊急の必要があると認められるときは、裁判所に対し、侵害行為停止の仮処分を申し立てる。

モデル規程

意匠権・商標権侵害対策規程

（総　則）
第1条　この規程は、意匠権および商標権の侵害対策について定める。
（社員の侵害監視義務）
第2条　社員は、会社の経営において商品の意匠（デザイン）および商標（ブランド）がきわめて重要であることを正しく認識し、第三者によって不当に侵害されていないかどうか常に慎重に監視していなければならない。
（会社への通報）
第3条　社員は、会社の商品意匠または商標が第三者によって不当に侵害されていることを知ったときは、直ちに総務課に通報しなければならない。
2　商店などにおいて、会社の意匠権・商標権の侵害に当たるか、または、当たるおそれがあると判断される商品を見つけたときは、その商

品を購入するなどして、その入手に努めなければならない。
3　総務課への通報に当たっては、入手した模造商品、類似商品を提出するものとする。

（事実関係の調査）
第4条　総務課は、社員から意匠または商標の不当侵害に関する情報を入手したときは、直ちに事実関係を調査する。
2　総務課は、第三者の行為が会社の意匠権・商標権の侵害に該当するかどうか判断に迷うときは、必要に応じて、弁理士および弁護士の意見を求めるものとする。

（侵害者への警告）
第5条　事実関係の調査の結果、会社の意匠権・商標権が不当に侵害されていると確認されたときは、侵害者に対し、侵害行為の即時中止を警告する。
2　侵害行為の即時中止の警告は、書面で行い、かつ、回答の期限日を設ける。

（民事訴訟）
第6条　侵害者が会社の警告を無視したとき、または侵害者の対応に誠実さを欠くときは、裁判所に対し、次の事項を内容とする民事訴訟を起こす。
　（1）侵害行為の中止
　（2）会社が蒙った損害の賠償
　（3）侵害者が得た不当利得の返還
　（4）会社の信用回復措置の履行

（差止めの仮処分申立て）
第7条　侵害行為の停止について緊急の必要があると認められるときは、裁判所に対し、侵害行為停止の仮処分を申し立てる。

（刑事訴訟）
第8条　会社は、次の場合には、裁判所に対し、刑事訴訟を起こす。
　（1）侵害者の侵害行為が悪質であるとき
　（2）会社の受けた損害がきわめて大きいとき

(マスコミへの働きかけ)
第9条 会社は、侵害行為が悪質であるときは、新聞、テレビなどのマスコミに対して材料を提供し、報道するよう働きかける。

(消費者への働きかけ)
第10条 会社は、意匠権または商標権が侵害され、市中に類似商品、模造商品が大量に出回ったときは、次の手段により、それらの商品を購入しないよう、消費者に働きかける。
（1）新聞広告
（2）インターネットのホームページ

(付　則) この規程は、〇〇年〇〇月〇〇日から施行する。

第8節　職務発明褒賞金規程

1　規程の趣旨

　社員が自己の職務に関して「特許」に値する独創的な発明を行うことを、「職務発明」という。職務発明を奨励するためには、会社として一定のインセンティブを与えることが望ましい。社員が自分の職務に属する発明を行ったときに褒賞金を支給するという「職務発明褒賞金制度」は、インセンティブを与えるための代表的な制度である。
　近年、経営を取り巻く環境が厳しさを増し、経営戦略における知的財産の役割が大きくなるなかで、職務発明褒賞金制度の新設・充実を図る会社が多い。

2　規程の内容

（1）褒賞金の種類
　職務発明褒賞金としては、一般に次の3つがある。
・出願褒賞金―――発明について特許を出願したときに支給する褒賞金
・登録褒賞金―――出願した特許が登録されたときに支給する褒賞金
・実施褒賞金―――登録された特許を会社が実施するときに支

給する褒賞金
（2）実施褒賞金の支給基準
　職務発明褒賞金の中核を構成するのは、実施褒賞金である。これについて、その支給基準を明確にしておく。一般的にいえば、次の2つの事項を勘案して個別に決定することにするのが妥当である。
　　・特許の実施またはライセンスによって得られる会社の経済的利益（売上、利益）
　　・職務発明について会社が貢献した程度。会社が提供した発明環境の経済的コスト

（3）権利の承継
　特許法は、「従業者等は、契約、勤務規則その他の定により、職務発明について使用者等に権利若しくは特許権を承継させ、又は使用者等のため専用実施権を設定したときは、相当の対価の支払を受ける権利を有する」（第35条第3項）と規定している。
　このため、発明した社員に褒賞金を支払うことにより、その発明にかかわる権利を会社が社員から承継することを明確にしておく。

モデル規程

職務発明褒賞金規程

（総　則）
第1条　この規程は、職務発明褒賞金制度の取扱いについて定める。
（定　義）
第2条　この規程において「職務発明褒賞金制度」とは、社員が会社の業務の範囲で自分の過去、または現在の職務に属する発明を行った場合に、会社がその社員に褒賞金を支給する制度をいう。

(褒賞金の種類)
第3条 職務発明褒賞金は、次の3種類とする。
　(1) 出願褒賞金
　(2) 登録褒賞金
　(3) 実施褒賞金

(出願褒賞金)
第4条 職務発明について会社が特許庁に特許を出願したときは、職務発明をした社員に出願褒賞金を支給する。
2　出願褒賞金は、1件当たり5,000円とする。

(登録褒賞金)
第5条 会社が出願した特許が特許庁において登録されたときは、職務発明をした社員に登録褒賞金を支給する。
2　登録褒賞金は、1件当たり1万円とする。

(実施褒賞金)
第6条 登録された特許を会社が実施するときは、職務発明をした社員に実施褒賞金を支給する。
2　実施褒賞金は、年間1,000万円を上限とし、最長5年間にわたって支給する。

(実施褒賞金の決定基準)
第7条 実施褒賞金は、次の事項を勘案して個別に決定する。
　(1) 特許の実施、またはライセンスによって得られる会社の経済的利益
　(2) 職務発明について会社が貢献した程度。会社が提供した発明環境の経済的コスト

(支給時期)
第8条 職務発明褒賞金の支給時期は、次のとおりとする。
　(1) 出願褒賞金　　出願手続き終了後速やかに支給する。
　(2) 登録褒賞金　　登録後速やかに支給する。
　(3) 実施褒賞金　　実施1年後から支給する。

(褒賞金の配分)

第9条　職務発明に関与した社員が複数人いる場合、褒賞金の配分は関係者の話し合いに委ねる。
2　会社は、褒賞金の配分の決定を関係者から委ねられたときは、職務発明への各人の関与の程度を勘案して配分を決定する。
(退職社員の取扱い)
第10条　職務発明した社員が退職した場合においても、褒賞金は支給する。
(権利の承継・譲渡)
第11条　会社は、職務発明した社員に対して出願褒賞金、登録褒賞金および実施褒賞金を支給することにより、その職務発明にかかわるいっさいの権利をその社員から承継するものとする。
2　職務発明した社員は、会社から褒賞金を受け取ることにより、その発明にかかわるいっさいの権利を会社に譲渡するものとする。
(研究日誌の記録・提出)
第12条　研究開発に携わる社員は、毎日の研究の内容を正確に記録し、これを所属長に提出しなければならない。
2　職務発明への関与をめぐって問題が生じたときは、会社は、研究日誌の記録内容を精査して、各社員の職務発明への関与の程度を判断するものとする。
3　会社は、必要に応じて、職務発明への各社員の関与の程度の判断を、信頼のできる第三者に委託することがある。

(付　則)　この規程は、○○年○○月○○日から施行する。

第9章
顧客情報管理

第1節　顧客情報管理規程
第2節　顧客情報苦情処理規程
第3節　顧客情報流出対策規程
第4節　顧客情報業務委託規程
第5節　プライバシーポリシー
　　　　（顧客情報保護指針）

第1節 顧客情報管理規程

1 規程の趣旨

　企業経営にとって、顧客情報はきわめて重要である。顧客情報を上手に利用することによって、業績を伸ばしたり、消費者のニーズにマッチした新商品を開発したり、あるいは消費者サービスを充実したりすることが可能となる。顧客情報の重要性は、いくら強調しても強調しすぎることはない。
　顧客情報の取扱いについては、消費者を保護するために、個人情報保護法が施行されている。企業は、個人情報保護法を遵守して顧客情報を適正に管理していくことが必要である。そのためには、顧客情報の管理に当たる社員に対して個人情報保護法の内容を正しく周知するとともに、顧客情報の取扱い基準を明確にしておくことが望ましい。

2 規程の内容

（1）利用目的の特定
　顧客情報は、利用目的を特定して取り扱う旨定める。
（2）適正な取得
　顧客情報は、適正な方法で取得する旨定める。
（3）取得に際しての利用目的の明示

本人から直接顧客情報を取得するときは、その利用目的を明示する旨定める。
（4）内容の正確性の確保
利用目的の達成に必要な範囲内において、顧客情報を正確かつ最新の内容に保つよう努める旨定める。
（5）顧客情報管理責任者
顧客情報を安全に管理するため、管理責任者を選任するのがよい。
（6）顧客情報の禁止事項
顧客情報に関して、社員が行ってはならない事項を定める。
（7）閲覧などの手続き
社員が顧客情報を閲覧・コピー・撮影するときの手続きを定める。
（8）第三者への提供の制限
本人の同意を得ることなく、顧客情報を第三者に提供しない旨定める。

モデル規程

顧客情報管理規程

第1章　総　則

（目　的）
第1条　この規程は、顧客情報の管理について定める。
2　顧客情報の管理に関して、この規程に定めのない事項については、個人情報保護法の定めるところによる。
（顧客情報の定義）
第2条　この規程において「顧客情報」とは、顧客の氏名、住所、電話番号、性、生年月日、最終学歴、職業、家族構成、年間収入、住居形態、

会社との取引きの動機、取引きの実績など、特定の個人を識別することのできる情報をいう。

（社員の義務）
第3条 社員は、この規程を誠実に遵守して顧客情報を管理しなければならない。
2 顧客情報の管理について判断に迷うときは、上司の指示を求めるか、または、常識と良識をもって対応しなければならない。

第2章　利用目的および取得

（利用目的の特定）
第4条 会社は、利用目的を特定して顧客情報を取り扱う。
2 会社は、特定された利用目的の達成に必要な範囲を超えて、顧客情報を利用しない。
3 業務上の都合により、顧客情報を当初の利用目的の範囲を超えて利用するときは、あらかじめ本人の同意を得るものとする。
4 前2項の規定は、次に掲げる場合については、適用しない。
　（1）法令に基づく場合
　（2）人の生命、身体または財産の保護のために必要がある場合であって、本人の同意を得ることが困難であるとき
　（3）公衆衛生の向上、または児童の健全な育成の推進のために特に必要がある場合であって、本人の同意を得ることが困難であるとき
　（4）国の機関もしくは地方公共団体またはその委託を受けた者が、法令の定める事務を遂行することに対して協力する必要がある場合であって、本人の同意を得ることによりその事務の遂行に支障を及ぼすおそれがあるとき

（適正な取得）
第5条 会社は、顧客情報を適正な方法で取得する。

（取得しない顧客情報）
第6条 会社は、次に掲げる顧客情報は、取得しないものとする。
（1）思想、信条および宗教に関する事項

（2）人種、民族、社会的身分、門地、本籍地（所在都道府県に関する情報は除く）、身体・精神の障害、犯罪歴、その他社会的差別の原因となる事項
（3）その他、取得することがふさわしくない事項

(取得に際しての利用目的の明示)
第7条 会社は、本人から直接顧客情報を取得するときは、その利用目的を明示する。ただし、人の生命、身体または財産の保護のために緊急に必要がある場合は、この限りではない。
2 業務上の都合により利用目的を変更したときは、変更した利用目的を本人に通知するものとする。

(内容の正確性の確保)
第8条 会社は、利用目的の達成に必要な範囲内において、顧客情報を正確かつ最新の内容に保つよう努めるものとする。

第3章 管理体制・管理方法

(顧客情報管理責任者)
第9条 会社は、顧客情報を安全に管理するため、顧客情報管理責任者（以下、「管理責任者」という）を選任する。
2 管理責任者は、顧客情報が外部に漏洩したり、滅失したり、あるいは毀損したりすることがないよう、慎重に管理しなければならない。

(顧客情報の禁止事項)
第10条 社員は、いかなる事情があれ、顧客情報に関し、次に掲げることをしてはならない。
　（1）不正にアクセスすること
　（2）外部の者に漏洩すること
　（3）業務以外の目的で使用すること
　（4）不正に改ざんすること
　（5）その他、不正を行うこと

(閲覧などの手続き)
第11条 社員は、顧客情報を閲覧、コピーまたは撮影するときは、次の

事項をあらかじめ管理責任者に申し出て、その許可を得なければならない。
　（1）利用目的
　（2）閲覧、コピーまたは撮影する顧客の範囲
　（3）閲覧、コピーまたは撮影する顧客情報の範囲
　（4）閲覧、コピーまたは撮影する日時
　（5）コピーまたは撮影した顧客情報の取り扱い
2　顧客情報をコピーまたは撮影したときは、その管理に十分注意しなければならない。

（社外への持ち出しの禁止）
第12条　社員は、顧客情報が記録されている媒体を社外に持ち出してはならない。
2　やむを得ない事情によって持ち出さなければならないときは、次の事項をあらかじめ管理責任者に申し出て、その許可を得なければならない。
　（1）持ち出す目的
　（2）情報を持ち出す顧客の範囲
　（3）持ち出す顧客情報の範囲
　（4）持ち出し先
　（5）持ち出す日時
3　顧客情報を外部へ持ち出したときは、その管理に十分注意しなければならない。

（第三者への提供の制限）
第13条　会社は、本人の同意を得ることなく、顧客情報を第三者に提供しない。ただし、次の場合は、この限りではない。
　（1）法令に基づく場合
　（2）人の生命、身体または財産の保護のために必要がある場合であって、本人の同意を得ることが困難であるとき
　（3）公衆衛生の向上、または児童の健全な育成の推進のために特に必要がある場合であって、本人の同意を得ることが困難であるとき

（4）国の機関もしくは地方公共団体またはその委託を受けた者が、法令の定める事務を遂行することに対して協力する必要がある場合であって、本人の同意を得ることによりその事務の遂行に支障を及ぼすおそれがあるとき

第4章　開示および訂正など

（本人への開示）

第14条　会社は、本人から本人の情報の開示を請求されたときは、本人に対して開示する。ただし、開示することにより次のいずれかに該当する場合は、その全部または一部を開示しないことがある。
（1）本人または第三者の生命、身体、財産その他の権利利益を害するおそれがある場合
（2）会社の業務の適正な実施に著しい支障を及ぼすおそれがある場合
（3）個人情報保護法以外の法令に違反することとなる場合
2　開示の請求を受理するに当たり、必要に応じて、本人であることを確認するものの提出を求めるものとする。
3　第1項ただし書きに定めるところにより、顧客情報の全部または一部を開示しないことを決定したときは、本人に対し、速やかにその旨を通知する。

（顧客情報の訂正など）

第15条　会社は、本人から本人の情報の内容が事実でないという理由によって、その内容の訂正、追加または削除（以下、この条において「訂正など」という）を求められた場合には、利用目的の達成に必要な範囲内において速やかに必要な調査を行い、その結果に基づき、内容の訂正などを行う。
2　内容の全部または一部について訂正などを行ったときは、本人に対し、速やかに次の事項を通知する。
（1）訂正などの内容
（2）訂正などを行った年月日

3　訂正などを行わないことを決定したときは、本人に対し、速やかにその旨を通知する。

（利用停止など）

第16条　会社は、本人から本人の情報の利用の停止または消去（以下、この条において「利用停止など」という。）を求められた場合であって、その求めに理由があることが判明したときは、違反を是正するために必要な限度で、速やかに、その顧客情報の利用停止などを行う。ただし、利用停止などを行うことが困難な場合であって、本人の権利利益を保護するため必要な代替措置をとるときは、この限りではない。

2　内容の全部、または一部について利用停止などを行ったときは、本人に対し、速やかに次の事項を通知する。
　（1）利用停止などの内容
　（2）利用停止などを行った年月日

3　利用停止などを行わないことを決定したときは、本人に対し、速やかにその旨を通知する。

（苦情の処理）

第17条　会社は、顧客から顧客情報の取扱いに関して苦情が寄せられたときは、誠実に対応する。

第5章　不正行為への対応

（管理責任者への通報義務）

第18条　社員は、他の社員がこの規程に違反する行為を行ったことを知ったときは、次の事項を、速やかに管理責任者に通報しなければならない。
　（1）行った者の氏名、所属
　（2）行った行為の具体的な内容
　（3）その他、知り得た事実

2　通報は、文書、口頭、電話、ファクシミリ、郵便、電子メールなど、その方法は問わないものとする。

3　通報は、匿名で行うこともできる。

(事実関係の調査)
第19条　管理責任者は、社員から違反行為の通報があったときは、直ちに事実関係を調査しなければならない。
2　事実関係の調査に当たっては、通報者に対して迷惑がかからないよう、十分配慮しなければならない。
(適切な措置の実施)
第20条　管理責任者は、事実関係の調査の結果事実が確認されたときは、直ちに適切な措置を講じなければならない。

(付　則)　この規程は、〇〇年〇〇月〇〇日から施行する。

第2節 顧客情報苦情処理規程

1 規程の趣旨

　顧客情報に関しては、消費者から企業に対して、
- 情報の取得は適正に行ったのか
- 企業は、あらかじめ明示した利用目的の範囲を超えて情報を利用していないか
- 自分の個人データの記載に誤りがあるのではないか

など、さまざまな苦情が寄せられる可能性がある。
　個人情報保護法は、企業に対し、顧客情報の苦情を適切・迅速に処理することを求めている。企業は、消費者からの苦情にどのように対応するかを明確にし、その内容を社員に周知しておくことが必要である。

2 規程の内容

（1）苦情受付窓口
　顧客情報に関する顧客からの苦情を受け付けるための窓口を定める。
（2）苦情の受付手続き
　顧客からの苦情を受け付ける手続きを定める。
（3）苦情の処理手続き

顧客からの苦情を処理する手続きを定める。

モデル規程

顧客情報苦情処理規程

（総　則）
第1条　この規程は、顧客情報の苦情処理について定める。
（苦情受付窓口）
第2条　会社は、顧客情報に関する顧客からの苦情を受け付けるための窓口を設ける。
2　窓口は消費者相談室とし、その責任者は消費者相談室長とする。
（消費者相談室の責務）
第3条　消費者相談室（以下、「相談室」という）は、誠実かつ迅速に苦情を処理することに努めなければならない。
（苦情の受付手続き）
第4条　相談室は、顧客情報に関する苦情を受け付けるに当たり、申出者に対し、次の事項を申し出ることを求めるものとする。
　（1）申し出の年月日
　（2）本人の氏名、住所、電話番号
　（3）苦情の具体的な内容
2　苦情は、書面のほか、電話、電子メールなどでも受け付ける。
（事実関係の調査）
第5条　相談室は、苦情を受け付けたときは、直ちに事実関係を調査する。
（謝　罪）
第6条　相談室は、事実関係の調査の結果、会社の管理に問題があることが確認されたときは、直ちに申出者に謝罪する。
2　謝罪は、電話または書面で行う。
（訂　正）

第9章　顧客情報管理

第7条　相談室は、会社が管理している顧客情報の内容に誤りがあるときは、顧客情報管理担当部署に対し、誤りを訂正するよう指示する。
（申出者への通知）
第8条　相談室は、会社が管理している顧客情報の内容の誤りを訂正したときは、次の事項を申出者に通知する。
　（1）訂正した内容
　（2）訂正した年月日
（消去の申出への対応）
第9条　相談室は、顧客から、会社が管理している本人情報の消去の申し出を受けたときは、顧客情報管理担当部署とその対応を協議する。
（申出者への通知）
第10条　相談室は、申出者について、会社が管理している顧客情報の消去を決定したときは、次の事項を申出者に通知する。
　（1）情報を消去した旨
　（2）情報を消去した年月日
2　顧客情報を消去しないことを決定したときは、次の事項を申出者に通知する。
　（1）消去しないことを決定した旨
　（2）消去しないことにした理由
（社長への報告）
第11条　相談室長は、社長に対し、顧客情報に関する苦情処理業務の執行状況を毎月定期的に報告しなければならない。

（付　則）この規程は、○○年○○月○○日から施行する。

第3節 顧客情報流出対策規程

1 規程の趣旨

　企業は、顧客情報を安全に管理する義務がある。また、一般の消費者も、企業に対し、顧客情報を安全に管理することを強く期待している。しかし、現実には、顧客情報の流出・漏洩事件が後を絶たない。
　不幸にして顧客情報が外部に流出・漏洩したときは、迅速かつ的確に対応することが必要である。流出・漏洩の事実を、当事者である顧客のみならず、世間一般に公表し、説明責任を果すことも重要である。
　顧客情報を取り扱っている企業は、情報が流出・漏洩した場合を想定し、あらかじめ合理的・現実的な対応基準を定めておくことが望ましい。

2 規程の内容

(1) 流出内容の調査
　顧客情報が外部へ流出したときは、直ちに、流出した顧客の氏名、人数、情報の範囲、流出した経緯、原因などを調査する。
(2) 被害届・紛失届の提出
　警察に被害届（社員が顧客情報の記録されている媒体を本人の

不注意で紛失したときは、紛失届）を提出する。
（３）流出先の特定
　流出先の特定に努める。
（４）返還請求と不使用警告
　流出先が特定されたときは、流出先に対し、流出した情報の返還を請求するとともに、その情報を使用しないよう警告する。
（５）顧客への説明・謝罪
　顧客情報が外部に流出した顧客に対し、事実関係を説明し、かつ謝罪する。
（６）再発防止策
　顧客情報が流出した原因を究明し、必要な再発防止策を講じる。

モデル規程

顧客情報流出対策規程

（総　則）
第１条　この規程は、会社の顧客情報が外部へ流出したときの対策について定める。
（流出内容の調査）
第２条　会社は、顧客情報が外部へ流出したときは、流出した情報について、直ちに次の事項を調査するものとする。
　（１）顧客の氏名
　（２）顧客の人数
　（３）顧客情報の範囲
　（４）流出した日時
　（５）流出した経緯、原因
（被害届・紛失届の提出）
第３条　会社は、警察に被害届を提出する。

2　社員が顧客情報の記録されている媒体を本人の不注意で紛失したときは、紛失届を提出する。

（捜査への協力）
第4条　会社は、顧客情報の流出に関する警察の捜査に全面的に協力する。

（流出先の特定）
第5条　会社は、流出先の特定に努める。

（監視）
第6条　会社は、流出した顧客情報が不正に使用されていないかを、継続的に監視するものとする。

（返還請求）
第7条　会社は、流出先が特定されたときは、流出先に対し、流出した情報の返還を請求する。

（警　告）
第8条　会社は、顧客情報の流出先に対し、その情報を使用しないよう警告する。
2　流出先がその情報を使用したときは、使用を中止するよう警告する。
3　警告は、内容証明郵便の送付により行う。

（差止め訴訟）
第9条　会社は、流出先が会社の警告に応じないときは、裁判所に対し、顧客情報の使用差止め処分を請求する訴訟を提訴する。

（顧客への説明・謝罪）
第10条　会社は、顧客情報が外部に流出した顧客に対し、次の事項を説明し、かつ謝罪する。
　（1）顧客情報の範囲
　（2）流出先
　（3）流出した日時
　（4）流出した経緯、原因
　（5）再発防止策の内容
　（6）その他必要事項

2　顧客への説明と謝罪は、書面によって行う。
　3　謝罪に際し、必要に応じ、社会的常識の範囲内で金品を贈呈する。
（一般消費者への公表）
第11条　会社は、一般の消費者に対し、顧客情報の流出に関して、次の事項を公表し、謝罪する。
　（1）顧客の人数
　（2）顧客情報の範囲
　（3）流出先
　（4）流出した日時
　（5）流出した経緯、原因
　（6）その他、必要事項
　2　公表と謝罪は、次の方法で行う。
　（1）ホームページへの謝罪文の掲載
　（2）新聞への謝罪広告の掲載
（問い合わせへの対応）
第12条　会社は、顧客情報の流出について外部から問い合わせがあったときは、誠実に対応する。
　2　問い合わせへの対応は、総務課で行う。
（不当な金銭請求への対応）
第13条　会社は、顧客情報の流出について第三者から不当な金銭を請求されたときは、これを拒否する。
　2　不当な金銭の請求が執拗に行われたときは、警察に被害届を提出する。
（再発防止策）
第14条　会社は、顧客情報が流出した原因を究明し、必要な再発防止策を講じる。
（懲戒処分）
第15条　会社は、社員が顧客情報の流出にかかわったときは、その社員を懲戒処分に付する。処分の内容は、その情状により決定する。
（警察への告発）

第16条 会社は、社員が顧客情報を不正に外部に漏洩したときは、その社員を警察に告発する。

（付　則）この規程は、〇〇年〇〇月〇〇日から施行する。

第4節 顧客情報業務委託規程

1 規程の趣旨

　企業は、経営の効率化・合理化、コストの削減を目的として、顧客情報データの入力・編集・加工などを業者に委託することがある。
　外部へ委託するときは、安全管理のため、その取扱い基準を明確にしておくことが望ましい。

2 規程の内容

（1）委託先の選定基準
　委託先は、次の事項を総合的・客観的に評価して選定する旨定める。
　　・情報処理の技術が優れていること
　　・顧客情報の管理体制が整備されていること
　　・経営基盤が安定していること
　　・法令の遵守を経営方針としていること
　　・委託料金が合理的であること
（2）委託契約の締結
　委託先との間で、委託業務の内容、処理体制、委託料金などを契約する。

（3）再委託の禁止

委託先に対し、会社の承諾を得ることなく、受託業務の全部または一部を第三者に委託することを禁止する。

（4）監督

個人情報保護法の定めるところにより、委託先が委託業務を安全管理に配慮して適正に遂行しているかどうかを適宜適切に監督する旨定める。

（5）委託契約の解除条件

委託契約を解除する条件を定める。

モデル規程

顧客情報業務委託規程

（総　則）
第1条　この規程は、顧客情報の管理業務の委託について定める。
（顧客情報業務の委託）
第2条　会社は、経営を効率的・合理的に行うため、必要に応じて、顧客情報の管理業務を業者に委託する。
（委託先の選定基準）
第3条　委託先は、次の事項を総合的・客観的に評価して選定する。
　（1）情報処理の技術が優れていること
　（2）顧客情報の管理体制が整備されていること
　（3）経営基盤が安定していること
　（4）法令の遵守を経営方針としていること
　（5）委託料金が合理的であること
（委託契約の締結）
第4条　顧客情報の管理業務を委託するときは、委託先との間で、次の事項について契約を締結する。

（1）委託する業務の内容
　（2）委託業務の処理体制
　（3）委託業務の処理場所
　（4）委託料
　（5）委託料の支払条件
　（6）委託期間
　（7）その他、必要事項
（付帯的契約事項）
第5条　委託契約において、次の事項を付帯的に明記するものとする。
　（1）委託先は、個人情報保護法を誠実に遵守して業務を遂行すること
　（2）委託先は、業務の受託を通じて知り得た会社の営業秘密を、委託期間中はもとより委託終了後も、他に漏らさないこと
　（3）委託先は、委託業務に関して会社に損害を与えたときは、責任を持ってその損害を賠償すること
　（4）委託先は、会社の承諾を得ることなく、会社から受託した業務の全部または一部を第三者に委託しないこと
（監　督）
第6条　会社は、個人情報保護法第22条の定めるところにより、委託先が、委託業務を安全管理に配慮して適正に遂行しているかどうかを適宜適切に監督する。
（会社への業務報告）
第7条　会社は、委託先に対し、委託業務の処理状況を定期的かつ正確に報告することを求める。
（業務の改善要請）
第8条　会社は、第6条において定める監督または第7条において定める業務報告によって、顧客情報の管理業務の改善が必要であると判断したときは、委託先に対して業務の改善を要請する。
（委託契約の解除）
第9条　委託先が、次のいずれかに該当する行為をしたときは、委託契

約期間の途中であっても委託契約を解除するものとする。
(1) 委託契約に反する行為をしたとき
(2) 個人情報保護法に違反する行為をしたとき
(3) 委託業務の処理を通じて知り得た会社の秘密を第三者に漏らしたとき
(4) 会社の信用と名誉を傷つけたとき
(5) その他委託契約を継続することについて著しい支障が生じたとき

(損害の賠償請求)
第10条 会社は、委託先が委託業務の処理に関して会社に損害を与えたときは、委託先に対し、その損害の賠償を請求する。

(付　則) この規程は、〇〇年〇〇月〇〇日から施行する。

第5節 プライバシーポリシー（顧客情報保護指針）

1 プライバシーポリシーの趣旨

　企業にとって、社会的な信用はきわめて重要である。社会的な信用を得るという観点からすると、顧客情報の取扱いについて、一般の消費者に対し、「個人情報保護法その他の法令を誠実に遵守して顧客情報を管理していく」という経営方針を明確に宣言するのがよい。

　広く一般の消費者に対し、「個人情報保護法その他の法令を誠実に遵守して顧客情報を管理していく」という経営方針を明確に宣言するための文書を「プライバシーポリシー」（顧客情報憲章、顧客情報保護指針）という。

　政府が定めた「個人情報の保護に関する基本方針」は、「個人情報を取扱う企業は、個人情報保護に関する考え方や方針に関する宣言（いわゆる、プライバシーポリシー、プライバシーステートメントなど）の策定・公表により、個人情報を目的外に利用しないことや苦情処理に適切に取り組むことなどを宣言することが望ましい」と明記している。

2 プライバシーポリシーの内容

（1）顧客情報の利用目的

9.5 プライバシーポリシー（顧客情報保護指針）

　個人情報保護法は、企業に対し、個人情報の利用目的を特定するように求めている。このため、「顧客情報を取得するときは、あらかじめその利用目的を明らかにする」と宣言する。

（2）適正な手段での取得

　個人情報保護法は、企業に対し、不正な手段による個人情報の取得を禁止している。このため、「顧客情報は公正・明朗な方法で取得する」と宣言する。

（3）利用目的の範囲内での利用

　個人情報保護法は、企業に対し、あらかじめ本人の同意を得ることなく、特定された利用目的の達成に必要な範囲を超えて個人情報を取り扱うことを禁止している。このため、「取得した個人情報を利用目的の範囲内に限って利用する」「利用目的の範囲を超えて利用するときは、あらかじめ本人の同意を求める」と宣言する。

（4）正確かつ最新の状態での管理

　個人情報保護法は、企業に対し、個人情報を正確かつ最新の内容に保つよう努力することを求めている。このため、「顧客情報は、利用目的の範囲内において、正確かつ最新の状態で管理する」と宣言する。

（5）顧客情報の第三者への提供

　個人情報保護法は、企業に対し、個人情報を第三者に提供するときは、あらかじめ本人の同意を得ることを求めている。このため、「顧客情報を第三者に提供するときは、あらかじめ顧客の同意を求める」「顧客の同意を得ることなく、顧客情報を第三者に提供しない」と宣言する。

（6）顧客情報の安全管理

　個人情報保護法は、企業に対し、個人情報が漏洩・滅失・毀損することのないよう、安全に管理することを求めている。このた

め、「顧客情報が外部に漏洩したり、改ざんされたりして顧客に迷惑をかけることのないように、管理責任者を置いて安全に管理する」と宣言する。

（7）顧客情報の開示

個人情報保護法は、企業に対し、本人から開示請求が出されたときは、原則として開示することを義務付けている。このため、「本人から顧客情報の開示を求められたときは、本人に開示する」と宣言する。

（8）誤りの訂正

個人情報保護法は、企業に対し、顧客本人から本人の情報の訂正、追加または削除を求められたときは、遅滞なく必要な調査を行い、その結果に基づき、訂正、追加または削除を行うべきことを求めている。このため、「本人から内容の誤りについて訂正または削除を求められたときは、訂正または削除を行い、本人に通知する」と宣言する。

（9）苦情への対応

個人情報保護法は、企業に対し、個人情報の苦情を適切・迅速に処理することを求めている。このため、「顧客情報に関する苦情に対しては、誠実に対応する」と宣言する。

（10）原因の究明と再発の防止

万一、個人情報保護法その他の法令に違反する事案が生じたときは、会社を挙げて問題の解決に当たり、原因の究明、再発の防止に努めることを宣言する。

3 プライバシーポリシーのモデル

プライバシーポリシー

　私たちは、個人情報保護法その他の法令を誠実に遵守し、顧客情報を次のとおり管理します。

1　利用目的を明らかにします。
　私たちは、顧客情報を取得するときは、あらかじめその利用目的を明らかにします。利用目的を変更するときは、本人の同意を求めます。

2　適正な手段で取得します。
　私たちは、顧客情報を公正・明朗な手段で取得します。いかなることがあっても、不正な手段で顧客情報を取得することはしません。

3　利用目的の範囲内で利用します。
　私たちは、取得した個人情報を利用目的の範囲内に限って利用します。利用目的の範囲を超えて利用するときは、あらかじめ本人の同意を求めます。

4　正確かつ最新の状態で管理します。
　私たちは、顧客情報は、利用目的の範囲内において、正確かつ最新の状態で管理するものとします。

5　本人の同意を得ることなく第三者に提供しません。
　私たちは、顧客情報を第三者に提供するときは、あらかじめ本人の同意を求めます。本人の同意を得ることなく、顧客情報を第三者に提供することはしません。

第9章　顧客情報管理

6　安全に管理します。
　私たちは、顧客情報が外部に漏洩したり、改ざんされたりして顧客に迷惑をかけることのないように、管理責任者を置いて安全に管理します。

7　本人から求められたときは開示します。
　私たちは、本人から顧客情報の開示を求められたときは、本人に開示します。また、内容の誤りについて訂正または削除を求められたときは、訂正または削除を行い、本人に通知します。

8　苦情の申出に誠実に対応します。
　私たちは、顧客情報の管理についてお客様から苦情の申し出があったときは、事実関係を調査し、誠実かつ迅速に対応します。

9　社員の教育研修を行います。
　私たちは、顧客情報の管理の重要性に対する認識を深め、その適正な管理を行うため、社員に対して教育研修を行います。

　万一、個人情報保護法その他の法令に違反する事案が生じたときは、会社を挙げて問題の解決に当たり、原因の究明、再発の防止に努めます。
　さらに、生じた事案について、社内外に対し迅速かつ的確な情報公開を行い、その説明責任を果すとともに、関係社員を厳正に処分します。

〇〇年〇〇月〇〇日

　　　　　　　　　　　　　　　　　　　〇〇〇〇株式会社
　　　　　　　　　　　　　　　　　　　代表取締役社長〇〇〇〇

第10章
取引先関係

第1節　取引先接待規程
第2節　取引先中元・歳暮贈答規程
第3節　取引先慶弔見舞金規程
第4節　取引先葬儀規程
第5節　取引先持株会規程

第1節 取引先接待規程

1 規程の趣旨

　業務を円滑に進めていくうえで、取引先の接待は、きわめて重要で必要不可欠である。スポーツや飲食を共にすることにより、取引先とのコミュニケーションを密にし、親しくなれる。また、オフィスを離れているという気安い雰囲気の中で、仕事に関する重要な情報を入手することもできる。

　しかし、その一方で、接待については、「遊びや飲食を伴う行為であるため、とかく費用が増大しがちである」「社員が仲間内だけで飲食し、その費用を会社に請求する」「その効果を直接的・数値的に把握できない」などの問題もある。このため、支出基準を規程として取りまとめておくことが望ましい。

2 規程の内容

(1) 接待費の範囲
　はじめに、接待費の範囲を決める。例えば、次のとおりとする。
　・スポーツ（ゴルフなど）への招待に要する費用
　・スポーツ観戦への招待に要する費用
　・観劇、ショーへの招待に要する費用
　・飲食店での飲食

・上記にかかわる交通費

　冠婚葬祭費、中元・歳暮の贈答、寄付、賛助広告などは、別の基準で処理することにするのがよい。

(2) 支出の手続き

　接待費の支出手続きを定める。

モデル規程

取引先接待規程

(総　則)

第1条　この規程は、取引先に対する接待の取扱いを定める。

(接待費の範囲)

第2条　この規程において接待費の範囲は、次のとおりとする。
 (1) スポーツ（ゴルフなど）への招待に要する費用
 (2) スポーツ観戦への招待に要する費用
 (3) 観劇、ショーへの招待に要する費用
 (4) 飲食店での飲食
 (5) 上記にかかわる交通費

(支出の原則)

第3条　接待費は、その金額のいかんにかかわらず、常に有効、かつ、適切に支出されなければならない。

(支出の手続き)

第4条　接待費は、部門ごとに決められた予算の枠の範囲内で、部長または担当役員の判断により支出することができる。

２　前項の規定にかかわらず、1件3万円以上にわたるときは、あらかじめ、次の事項を届け出て社長の許可を得なければならない。
 (1) 接待先
 (2) 接待の方法、場所
 (3) 接待の日時

（4）会社側出席者
   （5）接待の費用
（領収書の受取り）
第5条 接待費を現金で支出したときは、必ず領収書を受け取るものとする。
（支払日）
第6条 請求書による支払の場合、支払日は原則として、次のとおりとする。
   （支払日）月末締切り翌月末日払い

（付　則）この規程は、〇〇年〇〇月〇〇日から施行する。

（様式）　　　　　　　　**接待費支出伺い**

　　　　　　　　　　　　　　　　　　　　　　　年　　　月　　　日

取締役社長殿

　　　　　　　　　　　　　　　　　　　部　　　　課　　　　　　

　　　　　　　　　　　接待費支出伺い

（1）接待先	
（2）接待の方法、場所	
（3）接待月日	年　　月　　日（　　）
（4）会社側出席者	
（5）接待費用	
備　　考	

第2節 取引先中元・歳暮贈答規程

1 規程の趣旨

　中元や歳暮の時期に取引先に品物を贈り、日頃世話になっていることに謝意を表わす慣習が広く定着している。数多くの取引先に中元・歳暮の贈り物をしている会社は、その取扱い基準を明文化しておくことが望ましい。

2 規程の内容

(1) 贈答先の決定手順
　贈答先の決定手順を定める。一般的にいえば、各部門からリストを提出させ、総務部長が相互の調整を行い、社長の決裁を得ることにするのがよい。

(2) 贈答先のランクづけ
　取引先をその重要度に応じ、「きわめて重要な取引先、個人」「重要な取引先、個人」および「通常の取引先、個人」の3つ程度にランクづけするのが適当であろう。

(3) 贈答品
　贈答品の決め方を定める。

(4) 贈答の方法
　贈答は、購入先から先方の会社または自宅に送り届けるという

方法を採用するのが現実的である。

モデル規程

取引先中元・歳暮贈答規程

（総　則）
第１条　この規程は、取引先およびその役員・社員に対する中元・歳暮の贈答品の取扱いを定める。
（名簿の提出）
第２条　各部門長は、その業務の円滑な遂行のために贈答品を贈る必要があると判断される相手先のリスト（会社の場合は、会社名・部門名・所在地・電話番号・重要度、個人の場合は、会社名・役職名・氏名・住所・電話番号・重要度）を作成し、これを所定の期日までに総務部長に提出する。
２　提出期限は、そのつど、総務部長から指示する。
（重要度の区分）
第３条　重要度の区分は、次のとおりとする。
　　（Ａ）きわめて重要な取引先、個人
　　（Ｂ）重要な取引先、個人
　　（Ｃ）通常の取引先、個人
（調　整）
第４条　総務部長は、必要と判断したときは、各部門長から提出された名簿について、その人数と重要度の格付けを調整することができる。
（最終決定）
第５条　贈答先とその格付けは、社長の決裁を得て最終的に決定する。
（贈答品）
第６条　贈答の品目は、総務部長が選定し、社長の決裁を得て最終的に決定する。
（贈答の方法）

第7条　贈答は、会社指定の百貨店から相手先に品物を送り届けることによって行う。

（所　管）
第8条　中元・歳暮の贈答は、総務部長の所管事項とする。

（付　則）この規程は、○○年○○月○○日から施行する。

（様式）　　　　　　　**中元・歳暮贈答先リスト**

				年　　月　　日

総務部長殿

　　　　　　　　　　　　　　　　　　　　　　　　　　　　部長殿

平成　　年　中元・歳暮贈答先リスト

No.	贈答先	重要度	会社名	部署名	役職名	氏名	住所	備考
1	会社・個人	A・B・C					〒	
2	会社・個人	A・B・C					〒	
3	会社・個人	A・B・C					〒	
4	会社・個人	A・B・C					〒	
5	会社・個人	A・B・C					〒	
6	会社・個人	A・B・C					〒	
7	会社・個人	A・B・C					〒	
8	会社・個人	A・B・C					〒	
9	会社・個人	A・B・C					〒	
10	会社・個人	A・B・C					〒	

（注）重要度の区分は、次のとおり。
　　A＝きわめて重要な取引先・個人　　B＝重要な取引先・個人　　C＝通常の取引先・個人

第3節 取引先慶弔見舞金規程

1 規程の趣旨

　取引先の慶弔事に対しては、会社として慶弔見舞金を贈るのが一般的である。これにより、取引先との信頼関係が形成され、結び付きが強化される。その結果、ビジネスがスムーズに進む。
　慶弔見舞金は、会社として支給するものである。したがって、担当者や部門によってその取扱いに差異が生じるのは好ましくない。その取扱い基準を定めておくことが望ましい。

2 規程の内容

(1) 慶弔事の範囲
　はじめに、慶弔見舞金を贈呈する慶弔事の範囲を具体的に定める。
(2) 贈呈金額
　贈呈する金額を具体的に定める。金額は、取引先の重要度に応じて決めることにするのが現実的であろう。例えば、
・きわめて重要な会社、人物
・重要な会社、人物
・通常の会社、人物
の3つのランクに区分して決める。

(3) 社長名による贈呈
贈呈は、会社として行うものである。したがって、社長名で行うことを明確にしておく。

(4) 相手の意向の尊重
取引先の中には、受取りを拒否する人がいる。このような場合に無理に贈呈するのはよくない。贈呈に当たっては、相手の意向を十分尊重することを明確にしておく。

モデル規程

取引先慶弔見舞金規程

(総　則)
第1条　この規程は、取引先に対する慶弔見舞金の取扱いについて定める。

(慶弔の範囲)
第2条　慶弔見舞金を贈呈する慶弔事の範囲は、次のとおりとする。
  (1) 役員・社員の結婚
  (2) 役員・社員の子女の結婚
  (3) 社屋の落成(単なる移転は除く)
  (4) 役員・社員の自宅の新築(単なる転居は除く)
  (5) 社長就任
  (6) 役員・社員の公職就任
  (7) 役員・社員の叙勲
  (8) 役員・社員の昇進・栄転
  (9) 創業記念(5周年、10周年、15周年、20周年など、節目の年に当たり、取引先が祝賀行事を行う場合に限る)
  (10) 役員・社員の退職(餞別金)
  (11) 役員・社員の死亡(香典)
  (12) 役員・社員の家族の死亡(香典)

第10章　取引先関係

　(13) 役員・社員の入院
　(14) 会社または役員・社員の災害

(慶弔見舞金の支給)
第3条　部門の長は、担当部門の取引先において慶弔事があった場合には、慶弔見舞金を贈呈することができる。
　2　複数の部門がその取引先とかかわっているときは、関係部門の長が協議してその取扱いを決定するものとする。

(贈呈金額)
第4条　贈呈する金額の基準は、別表のとおりとする。

(社長名による贈呈)
第5条　贈呈は、原則として社長名で行う。

(相手の意向の尊重)
第6条　贈呈に当たっては、相手の意向を十分尊重しなければならない。

(物品の贈呈)
第7条　部門の長は、必要であると判断したときは、同額程度の品物を贈呈することにより、慶弔見舞金の贈呈に代えることができる。

(社内手続き)
第8条　慶弔見舞金の贈呈は、あらかじめ社長の決裁を得て行わなければならない。

(基準外の対応)
第9条　部門の長は、この規程で定める基準によらないほうがよいと判断されるときは、社長にその理由を説明し、その決裁を得なければならない。

(付　則)　この規程は、〇〇年〇〇月〇〇日から施行する。

（別表）　　　　　　　**慶弔見舞金基準表**

	きわめて重要な 社会・人物	重要な 社会・人物	通常の 会社・人物
（1）結婚	50,000	30,000	20,000
（2）子女結婚	30,000	20,000	10,000
（3）社屋落成	100,000	50,000	30,000
（4）自宅新築	50,000	30,000	20,000
（5）社長就任	50,000	30,000	20,000
（6）公職就任	30,000	20,000	10,000
（7）叙勲	50,000	30,000	20,000
（8）昇進・栄転	30,000	20,000	10,000
（9）創業記念	30,000	20,000	10,000
（10）退職（餞別金）	20,000	10,000	5,000
（11）本人死亡	50,000	30,000	10,000
（12）家族死亡	30,000	20,000	5,000
（13）入院	20,000	10,000	5,000
（14）災害（会社）	50,000	30,000	20,000
（15）災害（個人）	30,000	20,000	10,000

第4節 取引先葬儀規程

1 規程の趣旨

　取引先の慶弔にはさまざまなものがあるが、なかでも葬儀はきわめて重要である。会社として適切に対応する必要がある。礼儀を失するようなことがあってはならない。
　このため、取引先の重要性や死亡者の地位などを考慮し、社会常識の範囲内で一定の基準を設けておくことが望ましい。

2 規程の内容

（1）葬儀情報の報告義務
　はじめに、社員に対し、取引先の役員、社員またはその家族が死亡し、その葬儀情報を入手したときは、直ちに会社に報告することを義務づける。

（2）対応の基準
　通夜、葬儀・告別式については、取引先の重要度および死亡者の地位に応じて対応する。
　取引先は、「きわめて重要な取引先」「重要な取引先」および「通常の取引先」の3つ程度に区分するのが適切であろう。
　また、地位は、「会長・社長」「その他の役員」「部長・課長」および「係長以下の社員」の4つ程度に区分するのが適切であろう。

(3) 対応の内容

弔電、供花（花輪、生花）、香典、参列者の取扱いを具体的に定める。

(4) 配偶者の取扱い

役員・社員の配偶者の葬儀については、本人に準じて対応するのがよい。

モデル規程

取引先葬儀規程

（総　則）

第1条　この規程は、取引先の葬儀の取扱いを定める。

（葬儀情報の報告）

第2条　社員は、取引先の役員、社員またはその家族が死亡し、その葬儀情報を入手したときは、直ちに次の事項を会社に報告しなければならない。

(1) 死亡した者の氏名、会社名（家族の場合は、本人との続柄）
(2) 死亡日時、死因
(3) 通夜、葬儀・告別式の日時、場所
(4) その他、必要事項

（対応の基準）

第3条　会社は、通夜、葬儀・告別式については、取引先の重要度および死亡者の地位に応じて対応する。

2　取引先の重要度の区分は、次のとおりとする。
(1) きわめて重要な取引先
(2) 重要な取引先
(3) 通常の取引先

3　地位の区分は、次のとおりとする。
(1) 会長・社長

（2）その他の役員
（3）部長・課長
（4）係長以下の社員
4　対応は、別表のとおりとする。

(基準外の対応)

第4条　部門の長は、別表に定める基準には拠り難いと判断したときは、その理由を社長に申し出て、その指示を受けるものとする。

(配偶者の取扱い)

第5条　配偶者の葬儀については、原則として本人に準じて対応する。

(遠隔地の場合の取扱い)

第6条　葬儀が遠隔地で行われるときは、葬儀への参列は出張扱いとし、旅費を支給する。
2　葬儀が遠隔地で行われるために宿泊を必要とするときは、原則として日帰りで告別式のみ参列する。

(相手の意向の尊重)

第7条　香典の贈呈については、取引先（喪主）の意向を十分尊重する。
2　相手が受取りを辞退したときは、会社に戻し入れなければならない。

(付　則) この規程は、〇〇年〇〇月〇〇日から施行する。

10.4 取引先葬儀規程

(別表)　　　　　　　　取引先葬儀の対応基準

区　分	役　職	弔電	供花	香　典	通夜参列者	告別式参列者
きわめて重要な取引先	会長・社長	○	①	万円以上	B,C,D,E	A,C,D,E
	役員	○	①	万円以上	C,D,E	B,C,D,E
	部長・課長	○	②	万円以上	D,E	C,D,E
	係長・社員			万円以上	E	D,E
重要な取引先	会長・社長	○	①	万円以上	C,D,E	B,C,D,E
	役員	○	②	万円以上	D,E	C,D,E
	部長・課長			万円以上	E	D,E
	係長・社員			万円以上	E	E
通常の取引先	会長・社長	○	①	万円以上	D,E	C,D,E
	役員			万円以上	D,E	C,D,E
	部長・課長			万円以上	E	D,E
	係長・社員			万円以上		E

(備考)　1．供花欄の符号は、次のとおり。
　　　　　①花輪および生花　　　②花輪または生花
　　　2．参列者欄の符号は、次のとおり。
　　　　　A＝会長および社長が参列する　　D＝担当部課長が参列する
　　　　　B＝会長または社長が参列する　　E＝担当者が参列する
　　　　　C＝担当役員が参列する

第10章　取引先関係

（様式）　　　　　　　　**取引先葬儀情報**

　　　　　　　　　　　　　　　　　　　　　　　　年　　月　　日

総務部長殿

　　　　　　　　　（所属）　　　部　　　課（氏名）

取引先葬儀情報

1　取引先・氏名

取引先	
役職・氏名	

2　死亡者

氏名・年齢	
本人との関係	□本人　□配偶者　□親　□子　□その他（　　）
死亡日	年　　月　　日
死　因	

3　通夜

日　時	月　　日（　）午後　　時　　分～　　時　　分
場　所	

4　告別式

日　時	月　　日（　）午前・午後　　時　　分～　　時　　分
場　所	

5　喪主

氏　名		本人との関係	

（注）正確に記載すること。

　　　　　　　　　　　　　　　　　　　　　　　　　　　　以　上

第5節 取引先持株会規程

1 規程の趣旨

　取引先が会社（発注元）の株式の購入および所有を目的として、設立する組織を「取引先持株会」という。取引先持株会は、「会社（発注元）の経営の安定を図れる」「会社の敵対的買収を防止できる」などの効果が期待できる。このため、近年、敵対的な買収が相次ぐ中で、その役割が注目されている。
　取引先持株会を設立するときは、その構成、役員、積立金、株式の購入・引出しの手続きなどを明確にしておくことが必要である。

2 規程の内容

（１）持株会の構成
　持株会は、会社の主要な取引先で構成する。
（２）入会・退会の手続き
持株会への入会・退会の手続きを定める。
（３）役員の構成と任期
　役員の構成および任期を具体的に定める。任期は2年程度とするのが妥当であろう。ただし、再任を妨げないものとする。
（４）理事会の構成と承認事項

持株会の執行機関である理事会について、その構成、開催時期および承認事項を定める。

（5）積立金

積立金の取扱いを定める。

（6）株式の購入

株式購入の取扱いを定める。

（7）理事長への信託

持株会が購入した株式にかかわる会員の持分は、管理の目的をもって、理事長に信託する（購入した株式の名義は、理事長とする）のがよい。

（8）株式の引出し

会員が自分の持分を引き出すことができるか、できないかを定める。

（9）事務処理の委託

事務処理は証券会社に委託するのが合理的である。

モデル規程

取引先持株会規程

第1章　総　則

（総　則）

第1条　この規程は、○○株式会社取引先持株会（以下、「持株会」という）について定める。

（目　的）

第2条　持株会は、○○株式会社（以下、「会社」という）の経営の安定および敵対的買収の防止を目的とする。

（構　成）

第3条　持株会は、会社の主要な取引先で構成する。

（入会・退会）
第4条 取引先は、理事会の承認を得ることにより、持株会に入会し、または退会することができる。
2 入会および退会は随時できる。ただし、いったん退会したときは、理事会が認めた場合を除き、再加入できないものとする。
（会計年度）
第5条 本会の会計年度は、次のとおりとする。
　　　　毎年〇月〇から〇月〇日までの1年間
2 毎会計年度ごとに決算を行う。

第2章　会の構成と役員

（役　員）
第6条 会員総会において会員の中から理事5名、監事1名を選任する。
2 理事は、理事長1名および副理事長1名を互選する。
（理事長・副理事長）
第7条 理事長は、本会を代表する。
2 副理事長は、理事長を補佐する。理事長に事故あるときは、事務を代行する。
（監　事）
第8条 監事は会の会計を監査し、その結果を定例会員総会に報告する。
（役員の任期）
第9条 役員の任期は、選任後2年以内の最終の会計年度に関する定例会員総会の終結のときまでとする。ただし、再任を妨げないものとする。
（理事会）
第10条 理事会は、理事長、副理事長および理事をもって構成する。
2 理事長は、毎年〇月に定例理事会を招集する。必要あるときは、そのつど理事会を招集する。
3 理事会の決定は、出席理事の過半数によって行う。
（理事会の承認事項）

第10章　取引先関係

第11条　理事会の承認事項は、次のとおりとする。
　（1）会計に関する事項
　（2）事務代行委託契約の締結
　（3）会員の入会・退会の承認
　（4）理事長名義で行う株式の議決権の行使に関する事項
　（5）会員総会に提案する議案の承認
　（6）その他、持株会の運営に関する重要な事項
（会員総会）
第12条　本会は、重要事項の決定および役員の選任のため、毎年〇月に定例会員総会を開催する。
2　必要あるときは、臨時会員総会を開催する。
3　会員総会は、理事長が招集する。
4　会員総会の議決は、出席会員の過半数によって成立する。
5　会員は、会員総会において各自1個の議決権を有する。
6　会員は、書面または代理人（会員）を通じて、前項の議決権を行使できる。

第3章　株式の購入と引出し

（積立金）
第13条　会員は、毎月一定口数の資金を積み立てる。ただし、やむを得ない場合は、理事長の許可を受け、積立てを休止することができる。
2　積立金は、1口1,000円とする。
3　口数を変更するときは、毎年〇月または〇月（いずれも1日から末日まで）に申し出るものとする。申し出があったときは、翌月分から積立口数を変更する。
（株式の購入）
第14条　持株会は、会員の積立金から必要経費（株式売買手数料を含む）を差し引いて、一括して会社の株式を購入する。
2　持株会の保有する株式に対する配当金（税金を控除した額）も、一括して会社の株式の購入に当てる。

3　第1項による購入は、毎月積立金が持株会の口座に振り込まれた後、遅滞なく行う。
4　第2項による購入は、持株会が配当金を受け取った後、遅滞なく行う。

（持分の計算）
第15条　持株会は、株式（この株式に対する、配当株式および無償交付株式を含む）を購入したときは、購入のつど、会員の積立金に応じる株式を、その会員の持分として、「会員別持分明細表」に登録する。

（理事長への信託）
第16条　会員は、持株会が購入した株式にかかわる持分を、管理の目的をもって、理事長に信託する（購入した株式の名義は、理事長とする）。

（権利の譲渡等の禁止）
第17条　会員は、登録された持分にかかわる権利を他に譲渡し、または質入してはならない。

（株式の引出し）
第18条　会員は、登録された持分が1,000株を超えたときは、理事長に申し出ることにより、1,000株を単位として引き出すことができる。
2　株式が引き出されたときは、会員別持分明細表から、引き出された分を抹消する。

（株式の返還）
第19条　会員が退会するときは、その会員に登録配分された株式を返還する。
2　前項の規定にかかわらず、100株未満については、金銭（時価相当額）で返還する。

（新株式の割当て）
第20条　増資の際における新株引受権については、割当日現在の会員の持分に応じて会員から払込相当額を徴収し、その権利を行使する。
2　会員は、払込金を支払うことにより、新株についての持分を取得する。

第4章　会の事務

(事務費の支出)
第21条　本会の事務処理に必要な経費は、積立金の中から支出する。
(事務処理の委託)
第22条　本会の事務処理は〇〇証券株式会社に委託する。

(付　則)
1　この規程は、〇〇年〇〇月〇〇日から施行する。
2　この規程の改正は、会員総会において出席会員の3分の2以上の賛成を得て行う。

第11章
寄付・対外関係

第1節　寄付規程
第2節　社外団体加入規程
第3節　会社ＰＲ規程
第4節　社外広報規程
第5節　情報開示規程

第1節 寄付規程

1 規程の趣旨

　会社には、さまざまな団体や組織から寄付金の依頼が来る。高齢者や障害者を収容している社会福祉施設からの依頼もあれば、学校その他の教育文化関係からの依頼もある。寄付をするかしないかは、もとより各社の自由であるが、会社が「社会的な存在」であることを考えると、ある程度の寄付を行うのが望ましい。寄付をするときは、その基準を定めておくのがよい。

2 規程の内容

（1）寄付の対象
　寄付の対象を定める。例えば、次に掲げる活動をする団体とする。
　　・社会福祉
　　・教育文化
　　・科学技術
　　・地域の活性化
（2）寄付金の額
　寄付金の額は、そのつど、決定するものとする。
（3）寄付の主体

寄付は、会社の名前で行うことにする。
（4）所管
寄付を所管する部門を定める。

モデル規程

寄付規程

（総　則）
第1条　この規程は、寄付の取扱いについて定める。
（寄付の対象）
第2条　寄付の対象は、次に掲げる活動をする団体とする。
　（1）社会福祉
　（2）教育文化
　（3）科学技術
　（4）地域の活性化
　（5）その他会社が寄付をするにふさわしい活動
（寄付の手続き）
第3条　寄付は、そのつど、社長の決裁を得て行う。
（寄付金の総額）
第4条　寄付金は、取締役会において承認された年度寄付予算の枠内で行う。
　2　年度寄付予算は、次の事項を総合的に勘案して決定する。
　（1）前年度の業績
　（2）当年度の業績予想
　（3）前年度の寄付金
（寄付の主体）
第5条　寄付は、会社の名前で行う。
（寄付の約束の禁止）
第6条　社員は、社外の団体から寄付を依頼されたときに、独断で寄付

第11章 寄付・対外関係

を行うことを約束してはならない。
(領収証の受取り)
第7条 寄付をしたときは、領収証を受取るものとする。
(所　管)
第8条 寄付の取扱いは、総務部長の所管とする。

(付　則) この規程は、○○年○○月○○日から施行する。

(様式)　　　　　　　　　寄付金伺い書

年　月　日

取締役社長殿

総務部長

寄付金伺い書

団体・代表者	
団体所在地	
団体の活動内容	
寄付金の使途	
寄付金の額	
寄付月日	
備　考	

第2節 社外団体加入規程

1 規程の趣旨

　ビジネスについては、商工会議所・商工会をはじめとし、さまざまな団体がある。外部の団体に加入するかしないかは、それぞれの会社の自由であるが、業務に役立つ団体には加入すると便利である。団体への加入について、一定の合理的な基準を定めることが望ましい。

2 規程の内容

(1) 加入の条件
　はじめに、社外の団体に加入する条件を定める。例えば、次のとおりとする。
　・業務上の利点があること
　・運営が公正に行われていること
　・入会金および会費が適正であること

(2) 加入の申請
　部門長は、部門の業務を円滑に遂行する上で加入すべき団体があるときは、その名称、加入による業務上の利点などを社長に申し出るものとする。

(3) 加入の決定

加入は、社長の決裁により行う。

（4）必要性の点検

部門長に対し、自らが管理している団体について、毎年度、その加入の是非を点検し、加入の必要性がなくなったと判断されるときは、脱退の手続きを取るべきことを義務づける。

モデル規程

社外団体加入規程

（総　則）
第1条　この規程は、社外の諸団体への加入について定める。
（加入の条件）
第2条　会社は、次の条件を満たす社外の団体に加入する。
　（1）業務上の利点があること
　（2）運営が公正に行われていること
　（3）入会金および会費が適正であること
（加入申請）
第3条　部門長は、部門の業務を円滑に遂行するうえで加入すべき団体があるときは、次の事項を社長に申し出るものとする。
　（1）団体の名称、所在地
　（2）団体の概要
　（3）加入による業務上の利点
　（4）入会金および会費
　（5）その他、必要事項
（決　定）
第4条　加入は、社長の決裁により行う。
（有効活用）
第5条　部門長は、加入した団体を有効に活用しなければならない。
（団体役員への就任）

第6条　会社は、加入している団体からその団体への役員の就任を依頼されたときは、できる限り前向きに対応するものとする。

（加入団体簿）
第7条　総務部長は、「加入団体簿」を作成し、次の事項を記載しておかなければならない。
　（1）団体の名称、所在地
　（2）会社の管理部門
　（3）加入年月日
　（4）入会金、会費

（点　検）
第8条　部門長は、自らが管理している団体について、毎年度、その加入の是非を点検し、その結果を総務部長に報告しなければならない。
2　点検の結果、加入の必要性がなくなったと判断されるときは、脱退の手続きを取らなければならない。

（付　則）この規程は、○○年○○月○○日から施行する。

（様式）　　　　　　　　団体加入伺い書

　　　　　　　　　　　　　　　　　　　　　　　年　　月　　日

取締役社長殿

　　　　　　　　　　　　　　　　　　　　　　　　　　　部長

　　　　　　　　　　　団体加入伺い書

団体・代表者	
所在地	
団体概要	
入会金・会費	
加入の利点・必要性	
備　考	

（注）加入の利点・必要性は、できる限り具体的に記載すること。

　　　　　　　　　　　　　　　　　　　　　　　　　以　上

第3節 会社PR規程

1 規程の趣旨

　売上・受注を拡大していく重要な条件は、会社の知名度を高めることである。いくら優れた商品を生産する実力があっても、あるいは先進的・革新的な技術を有していても、知名度が低くては売上・受注に結びつけることは難しい。会社は、組織的・計画的に知名度の向上に取り組むことが望ましい。

2 規程の内容

（1）会社PRの方法
　会社をPRする方法を定める。
（2）会社PRの実施
　会社PRは、総務部長の判断によって随時行う。ただし、その費用が一定金額を超えるときは、あらかじめ社長の決裁を受けるものとする。
（3）会社PR費用の総額
　会社PRは、あらかじめ定められた年度予算の枠内で行う旨明記する。なお、年度予算は、次の事項を総合的に勘案して決定するのが合理的である。
　・前年度の業績

・当年度の業績予想
・前年度の会社ＰＲ予算

モデル規程

会社ＰＲ規程

（総　則）
第１条　この規程は、会社ＰＲについて定める。
（会社ＰＲの目的）
第２条　会社ＰＲは、会社の知名度を高め、取扱商品の販売促進、人材の募集採用、その他経営を円滑に遂行するために行う。
（会社ＰＲの方法）
第３条　会社は、次の方法で会社をＰＲする。
　（１）新聞、雑誌等のメディア広告
　（２）商工会議所、同業者団体などが主催するイベントへの参加
　（３）学校、教育文化団体などの機関紙への賛助広告
　（４）会社ホームページ
　（５）その他
（会社ＰＲの実施手続き）
第４条　会社ＰＲは、総務部長の判断によって行う。
２　前項の規定にかかわらず、その費用が１件30,000円を超えるときは、あらかじめ社長の決裁を受けなければならない。
（会社ＰＲ費用の総額）
第５条　会社ＰＲは、取締役会において承認された年度会社ＰＲ予算の枠内で行う。
２　年度会社ＰＲ予算は、次の事項を総合的に勘案して決定する。
　（１）前年度の業績
　（２）当年度の業績予想
　（３）前年度の会社ＰＲ予算

第11章　寄付・対外関係

3　総務部長は、会社ＰＲ予算を有効に活用しなければならない。

（付　則）この規程は、〇〇年〇〇月〇〇日から施行する。

第4節 社外広報規程

1 規程の趣旨

　会社には、消費者、取引先、社員、株主、投資家など、さまざまなステークホルダー（利害関係者）がいる。ステークホルダーに対して、正確な経営情報を提供することは、公正・透明な経営を実践し、社会の信用と共感を得るうえできわめて重要である。
　社外のステークホルダーに対して、組織的に経営情報を提供することを「社外広報」（パブリックコミュニケーション）という。
　会社は、経営の健全性・透明性・公正性を図るため、社外広報を積極的に行うことが望ましい。

2 規程の内容

(1) 情報提供の範囲
　社外広報の対象とする経営情報の範囲を定める。どのような情報を提供するかは、もとより各社の自由であるが、次のような情報を提供することにするのが適切であろう。
　・生産、販売、売上に関する情報
　・財務、決算に関する情報
　・重要な財産の取得、処分に関する情報
　・重要な人事に関する情報

・組織の新設、統廃合、廃止に関する情報
・新商品に関する情報
・技術開発に関する情報
・その他、経営に関する重要情報

（２）広報の方法

社外広報の方法を定める。

（３）担当部門

社外広報の担当部門を定める。

モデル規程

社外広報規程

（総　則）
第1条　この規程は、社外広報について定める。
（目　的）
第2条　会社は、次の目的のために社外広報を行う。
（１）社外のステークホルダーに対し、経営情報を正しく伝えること
（２）社外のステークホルダーに対し、経営への理解と関心を高めること
（３）経営の透明度の向上を図ること
（情報提供の範囲）
第3条　社外広報の対象とする経営情報の範囲は、次のとおりとする。
（１）生産、販売、売上に関する情報
（２）財務、決算に関する情報
（３）重要な財産の取得、処分に関する情報
（４）重要な人事に関する情報
（５）組織の新設、統廃合、廃止に関する情報
（６）新商品に関する情報

（7）技術開発に関する情報
（8）その他、経営に関する重要情報

（対象外の情報）
第4条 前条の定めにかかわらず、次に掲げる情報は、社外広報の対象とはしない。
（1）営業上の機密に関すること
（2）他社との間で、公表しないことを約束したもの
（3）社員・役員のプライバシーに関すること

（方　法）
第5条 社外広報は、次の方法で行う。
（1）新聞発表
（2）ホームページへの登載

（担当部門）
第6条 社外広報の担当部門は、総務課（社外広報係）とする。

（担当部門の心得）
第7条 総務課は、情報の提供について、次の事項に十分留意しなければならない。
（1）正確かつ迅速に伝えること
（2）分かりやすい表現で伝えること
（3）経営情報を幅広く取り上げること。特定の情報に偏らないようにすること

（問い合わせへの対応）
第8条 総務課は、社外の関係者から、経営情報について問い合わせがあったときは、誠実に対応しなければならない。

（協力義務）
第9条 各部門は、総務課の社外広報業務に積極的に協力しなければならない。
2　各部門は、総務課から要請された経営情報を提供できないときは、その理由を具体的に説明しなければならない。

（付　則）この規程は、〇〇年〇〇月〇〇日から施行する。

第11章　寄付・対外関係

第5節 情報開示規程

1 規程の趣旨

　株式を公開している会社にとって、投資家（インベスター）は重要な存在である。投資家の動向によって、株価が大きく変動し、経営に大きな影響を与えるからである。
　会社は、投資家に対して、株価の決定に影響を及ぼす経営情報を正しく開示し、株価が適正に形成されるように努めなければならない。正しい経営情報を迅速に開示することは、会社の重要な責任である。
　投資家に対する経営情報の開示（インベスターズ・リレーションズ）について、その取扱い基準を明確にしておくことが望ましい。

2 規程の内容

(1) 開示する情報の範囲と頻度
　開示する経営情報の範囲とその頻度を具体的に定める。例えば、次のとおりとする。

　・業績（数値）　　　　　四半期ごと
　・業績の概況（文章）　　四半期ごと
　・当期業績の見通し　　　四半期ごと
　・貸借対照表　　　　　　四半期ごと

- 損益計算書　　　　　　　　　　四半期ごと
- その他、経営に関する重要情報　随時

(2) 開示の手続き

　開示する情報の具体的な内容については、あらかじめ、社長が決定するか、あるいは、常務会または取締役会において決定するものとする。

(3) 開示の方法

　経営情報を開示する方法を定める。

(4) 所管部門

　経営情報の開示を担当する部門を定める。

モデル規程

情報開示規程

（総　則）

第1条　この規程は、投資家に対する経営情報の開示について定める。

（目　的）

第2条　会社は、会社の株価が市場において適正に形成されることを目的として、投資家に対し、経営情報を積極的に開示する。

（情報の範囲・頻度）

第3条　開示する経営情報の範囲とその頻度は、次のとおりとする。

（1）業績（数値）　　　　　四半期ごと
（2）業績の概況（文章）　　四半期ごと
（3）業績の見通し　　　　　四半期ごと
（4）貸借対照表　　　　　　四半期ごと
（5）損益計算書　　　　　　四半期ごと
（6）その他、経営に関する重要情報（設備投資、重要な財産の取得・売却、他社との提携、新商品の販売その他）　　随時

(開示しない情報)
第4条 前条の定めにかかわらず、次に掲げる経営情報は開示しない。
（1）営業機密に関するもの
（2）他社との間で、公表しないことを約束したもの
（3）その他、開示することが適当でないもの

(開示の手続き)
第5条 開示する情報については、あらかじめ、常務会において決定する。

(開示の方法)
第6条 経営情報の開示は、次の方法で行う。
（1）記者発表
（2）ホームページへの登載

(問い合わせへの対応)
第7条 会社は、開示した情報の内容について投資家などから問い合わせがあったときは、誠実に対応する。

(インサイダー取引等の禁止)
第8条 職務上、開示情報を知り得る立場にある社員は、その情報が開示される以前に、次に掲げることをしてはならない。
（1）その情報を、利用して会社の株式を売買すること
（2）その情報を、特定の投資家に漏洩すること

(漏洩依頼の拒否)
第9条 職務上、開示情報を知り得る立場にある社員は、特定の投資家から、その情報が開示される以前にその情報を漏洩するように依頼されたときは、これを拒否しなければならない。

(所　管)
第10条 この規程で定める経営情報の開示は、総務課で執り行う。

(付　則) この規程は、○○年○○月○○日から施行する。

第12章
有事への対応

第1節　社葬規程
第2節　経営危機管理規程
第3節　民事暴力対策規程
第4節　内部通報規程
第5節　保険規程
第6節　民事訴訟規程

第1節 社葬規程

1 規程の趣旨

　会社の創業や成長発展、業績の向上に大きく貢献した人物が死亡したときに、社葬を実施する会社が多い。社葬については、規程は特に設けず、重要な人物が死亡したつど、その取扱いを決めている会社が多い。
　しかし、社葬は、会社にとってきわめて重要なセレモニーであるから、その取扱い基準を明確にしておくことが望ましい。

2 規程の内容

（1）対象者
　社葬の対象者は、次に掲げる者とするのが適切であろう。
　・現職の社長・会長
　・社長または会長として一定年数以上の在職歴を有し、かつ、退任後一定期間以内の者
　・その他、社業に特に功労のあった者

（2）決定の手続き
　社葬の実施は、遺族の意向を酌んだうえで、取締役会において決定する。

（3）葬儀委員長

葬儀委員長は、社長がこれを務める。
（４）実行責任者
実行責任者は、総務部長または総務担当役員とする。

モデル規程

社葬規程

（総　則）
第１条　この規程は、社葬の取扱いについて定める。
（対象者）
第２条　社葬の対象者は、原則として次に掲げる者とする。
　（１）現職の社長・会長
　（２）社長または会長として通算10年以上の在職歴を有し、かつ、退任後５年以内の者
　（３）その他、社業に特に功労のあった者
（決定の手続き）
第３条　社葬の実施は、遺族の意向を酌んだうえで、取締役会において決定する。
（実施要領）
第４条　社葬の日時、場所その他の実施要領は、取締役会において決定する。
（葬儀委員長）
第５条　葬儀委員長は、社長がこれを務める。社長を欠くとき、または社長に事故あるときは、取締役会において選任する。
（葬儀委員長の職務）
第６条　葬儀委員長は、社葬に関するいっさいのことを統括する。
（実行責任者）
第７条　実行責任者は、葬儀委員長をよく補佐し、社葬の円滑な実施を図るものとする。

2　実行責任者は、総務部長とする。

(社員の責務)

第8条　社員は、社葬に関し、実行責任者の指示命令にしたがって行動しなければならない。

(告　知)

第9条　社葬の実施については、次に掲げる方法で社外の関係者に告知する。

　（1）新聞広告

　（2）電話

　（3）ホームページ

(費用負担)

第10条　社葬に要する費用は、すべて会社で負担する。

(香典・供物の取扱い)

第11条　香典および供物は、原則としてこれをいっさい辞退するものとする。

(お別れの会)

第12条　会社は、社業に特に貢献した者について、社葬に代えて、お別れの会を開催することがある。

(付　則)　この規程は、○○年○○月○○日から施行する。

第2節 経営危機管理規程

1 規程の趣旨

　企業は、常に危機に付きまとわれている。経営を取り巻く経済社会の構造は、年々高度化・複雑化しているため、危機の種類が増えると同時に、危機に直面する機会が増えているといえる。
　経営危機は、いつ、どこで、どのような形で発生するかわからない。不幸にして経営危機に見舞われたときは、迅速かつ整然と対応することが必要である。対応の仕方が適切でないと、被害が拡大する。
　また、消費者や社会から「対応が遅い」「良識に欠けている」と批判される。このため、危機への対応を規程として取りまとめておくことが望ましい。

2 規程の内容

（1）経営危機の範囲
　はじめに、業種の内容を踏まえて、危機の範囲を定める。
（2）会社への通報
　社員に対し、経営危機に関する情報を入手したときは、直ちにその内容を会社に通報することを義務づける。
（3）対策本部の設置

経営危機が発生したときは、直ちに対策本部を設置する。
（4）対応策の実施
対策本部で経営危機の対応策を検討し、実施する。
（5）第三者の助言
経営危機の解決策について、必要に応じ、信頼のできる専門家に助言を求めるものとする。
（6）報道機関への対応
経営危機が発生すると、報道機関が取材にやってくる。取材の申し入れにどう対応するかを定める。

モデル規程

経営危機管理規程

第1章　総　則

（目　的）
第1条　この規程は、経営危機が発生したときの会社の対応について定める。
（経営危機の範囲）
第2条　この規程において「経営危機」とは、次の場合をいう。
　（1）不本意にして会社が法律違反を犯し、その法的な責任を問われたとき
　（2）消費者の安全と衛生、健康と生命に影響を与える不良商品・欠陥商品を誤って販売したとき
　（3）何者かによって、商品に毒物または危険物を混入されたとき
　（4）重大な労働災害を発生させたとき
　（5）会社の過失により、会社周辺の環境を汚染させたとき
　（6）火災を発生させたとき、または火災で被害を受けたとき
　（7）地震、風水害などの自然災害によって、機械設備などに多大の

損害を受けたとき
（8）営業上、きわめて重要な情報が外部に流出、漏洩したとき
（9）重要な取引先が倒産したとき
（10）会社の知的財産権が不正に侵害されたとき
（11）経営不安に関する事実無根の情報を流されたとき
（12）民事暴力事件が発生したとき
（13）テロリストによって社員が誘拐または殺傷されたとき
（14）株式が買い占められたとき
（15）社員による重大な金銭犯罪が発生したとき
（16）その他、会社の存続にかかわる重大な事案が発生したとき
（行動基準）
第3条　経営危機が発生したときは、役員および社員(以下、単に「社員」という)は、この規程の定めるところにより、冷静かつ整然と行動しなければならない。

第2章　報　告

（所属長への通報）
第4条　社員は、経営危機に関する情報を入手したときは、次に掲げる事項を正確かつ迅速に所属長に通報しなければならない。
（1）情報の内容
（2）情報の入手先
（3）情報を入手した日時、場所
（4）その他必要事項
2　所属長は、部下から受けた情報の内容を直ちに総務部長に報告しなければならない。
（社長への報告）
第5条　総務部長は、所属長から受けた情報の内容を直ちに社長および役員に報告しなければならない。
（夜間、休日の場合）
第6条　社員から所属長への報告、所属長から総務部長への報告、およ

び総務部長から社長・役員への報告は、次の場合には、自宅に対して行うものとする。
（1）夜間の場合
（2）休日の場合

第3章　対応の原則

（対応の原則）
第7条　会社は、経営危機が発生したときは、次の事項を最優先させて対応する。
（1）人命の保護・救出
（2）雇用の維持

（届　出）
第8条　経営危機のうち、官庁への届出が必要なものについては、正確かつ迅速に、所管官庁に届け出る。
2　官庁への届出は、総務部長の職務とする。
3　総務部長は、官庁への届出の内容について、あらかじめ社長の承認を得なければならない。

第4章　対策本部

（対策本部の設置）
第9条　会社は、経営危機が発生したときは、直ちに対策本部を設置する。
2　対策本部の設置は、総務部長の進言に基づき、社長が決定する。

（対策本部の業務）
第10条　対策本部の業務は、次のとおりとする。
（1）情報の収集と分析
（2）対応策の検討、決定、実施
（3）再発防止策の検討、決定、実施
（4）関係機関との連絡
（5）報道機関への対応

（6）その他、経営危機に関すること
（専用の部屋の確保）
第11条　対策本部については、専用の部屋を確保する。
2　本部員以外の社員は、本部長の許可を得ることなく、対策本部室に入室してはならない。
（対策本部の組織）
第12条　対策本部の組織は、次のとおりとする。
　　　　本部長―――事務局長―――本部員
（対策本部の人事）
第13条　対策本部の人事は、次のとおりとする。
（1）本部長―――総務担当役員
（2）事務局長―――総務部長
（3）本部員―――関係役員および役職者（社長が指名する）
（本部員の責務）
第14条　本部員は、次の責務を負う。
（1）会社が置かれている状況を厳しく認識し、危機の解決、克服もしくは回避のために全力を尽くすこと
（2）対策本部の会議に万障を繰り合わせて出席すること
（3）担当部門の利害得失や自分の組織上の地位にとらわれることなく、大局的な立場に立って行動すること
（第三者の助言）
第15条　対策本部は、必要に応じ、経営危機の解決策について、信頼のできる専門家に助言を求めることができる。
（留意事項）
第16条　対策本部は、経営危機への対応策の決定に当たっては、次の事項に十分留意するものとする。
（1）会社の信用と名誉
（2）営業に及ぼす影響
（会　議）
第17条　対策本部は、必要に応じて、随時会議を開く。

2　会議を開催したときは、議事録を作成する。
(対策本部の解散)
第18条　経営危機が収束し、かつ、再発防止策を講じたときは、対策本部は解散する。
2　対策本部の解散は、本部長の進言に基づき、社長が決定する。

第5章　対応策の実施

(実施責任者)
第19条　対策本部で決定した対応策を実施するときは、実施責任者を置く。
2　実施責任者は、本部長が指名する。
(実施責任者の責務)
第20条　実施責任者は、その目的が完全に達成されるように対応策を実施しなければならない。
(実施手続)
第21条　対応策を実施するときは、あらかじめ社長の承認を得なければならない。
(取締役会への報告)
第22条　対策本部長は、経営危機の対応策を実施したときは、その直後の取締役会において、次の事項を正確に報告しなければならない。
　（1）実施した内容
　（2）実施にいたる経緯
　（3）実施した時期
　（4）実施した体制
　（5）実施した効果
(社員への指示・命令)
第23条　対策本部長は、経営危機を解決するために必要と認められるときは、社員に対し、一定の行動を指示・命令することができる。
2　社員は、対策本部長から指示・命令が出されたときは、その指示・命令に従って、冷静かつ整然と行動しなければならない。

第6章　報道機関への対応

（報道機関への対応）
第24条　会社は、経営危機に関して報道機関から取材の申し入れがあったときは、経営危機の解決に支障を与えない範囲において取材に応じる。

（対応の責任者）
第25条　報道機関の取材への対応は、事務局長の職務とする。
2　事務局長以外の社員は、勝手に取材に応じたり、報道機関に情報を提供したりしてはならない。

（取材の方法）
第26条　取材は、面接取材を原則とし、電話取材には応じない。

（付　則）この規程は、〇〇年〇〇月〇〇日から施行する。

第3節 民事暴力対策規程

1 規程の趣旨

　暴力や嫌がらせ行為を背景にして、寄付や賛助金を強要したり、あるいは、不当に高い価格で物品の購入を要求したりする民事介入暴力は、社会的に許すことのできない行為である。
　民事介入暴力に対し、甘い態度を取ったり、泣き寝入りをしたりすると、民事介入暴力を容認したり、その活動を助長したりすることになる。
　民事介入暴力は、どの企業においても起こり得ることであるから、対応の基準を定めておくことが望ましい。

2 規程の内容

(1) 応対の責任者
　民事暴力の関係者が会社にやってきたときの応対責任者を決めておく。
(2) 氏名などの確認
　民事暴力の関係者に応対するときは、あらかじめ氏名、所属団体名などを確認するものとする。
(3) 警察への届出
　民事暴力の関係者から不当に金銭を要求されたり、暴力をふる

われたりしたときは、直ちに警察に届け出る。
（4）仲介の排除
　民事暴力関係者との問題の解決について、第三者に仲介、斡旋などを依頼しないことを明確にする。

モデル規程

民事暴力対策規程

（総　則）
第1条　この規程は、反社会的な個人または集団による民事介入暴力（以下、単に「民暴」という）が発生したときの対応について定める。
（基本姿勢）
第2条　会社は、いかなる場合においても、民暴関係者に対し金銭その他の経済的利益を提供しない。
（責任者）
第3条　民暴トラブルの担当責任者は、総務部長とする。総務部長に事故あるときは、次に掲げる者が、次に掲げる順序で担当責任者となる。
　（1）総務部次長
　（2）総務課長
（受付の対応）
第4条　民暴の関係者と思われる者が来社したときは、受付係は、本人に次の事項を聴き、総務部長に連絡する。
　（1）氏名
　（2）所属団体、組織
　（3）面会の目的
（応　対）
第5条　総務部長は、民暴関係者に応対するときは、必ず総務部員を同席させ、かつ、最初に次の事項を確認する。

（1）氏名
　（2）所属団体、組織
　（3）住所または電話番号
2　同席する総務部員は、総務部長と民暴関係者との会話の内容を正確に記録するものとする。
3　総務部長は、絶対に、民暴関係者に金銭その他経済的利益の提供を約束する発言をしてはならない。
（多人数での面会）
第6条　民暴関係者が多数で来社し、面会を求めたときは、代表者（2名以内）とだけ面会する。代表者を決めないときは、面会に応じない。
（役員との面会）
第7条　民暴関係者が役員との面会を求めたときは、これを拒否する。
（情報提供の禁止）
第8条　社員は、民暴関係者に、次の事項を教えてはならない。
　（1）幹部社員の住所、氏名、電話番号
　（2）幹部社員のスケジュール
　（3）会社の重要な会議の日時、場所、出席予定者
　（4）会社の営業上の機密事項
　（5）会社と取引先、消費者などとの間で係争中の事案の内容
（退職社員への適用）
第9条　前条の規定は、退職社員にも適用する。
（拒　否）
第10条　会社は、民暴関係者から不当に金銭その他の経済的利益の提供を要求されたときは、拒否する。
（警察への届出）
第11条　会社は、民暴関係者から執拗、かつ不当に、金銭その他の経済的利益の提供を要求されたときは、警察に届け出る。
2　社員が民暴関係者から暴行を受けたときは、直ちに警察に届け出る。
（捜査協力）

第12条　会社は、警察による捜査に全面的に協力する。
2　警察との連絡責任者は、総務部長とする。
（第三者の仲介）
第13条　会社は、いかなる場合においても、民暴トラブルの解決について第三者に仲介、斡旋等を依頼しない。
2　第三者が民暴トラブルの解決について仲介、斡旋等を申し出ても、会社はこれに応じないものとする。
（仮処分の申請）
第14条　会社は、次に掲げるときは、裁判所に対し、差止めの仮処分を申請する。
　（1）民暴関係者が執拗に面会を強要するとき
　（2）民暴関係者が執拗に電話をかけるとき
　（3）民暴関係者が執拗に街宣車による街宣を行うとき
（報道機関への対応）
第15条　会社は、民暴トラブルについて報道機関から取材の申し入れがあったときは、警察による捜査に支障を与えず、かつ、会社の信用と名誉を損なわない範囲において、取材に応じる。
2　報道機関の取材については、総務部長が対応する。
3　総務部長以外の者は、会社の許可を得ることなく、報道機関の取材に応じてはならない。
（取引先などへの説明）
第16条　会社は、民暴トラブルが発生したときは、必要に応じ、取引先、販売店、代理店等に対し、トラブルの経緯と会社の方針を説明し、理解と協力を求める。

（付　則）この規程は、〇〇年〇〇月〇〇日から施行する。

第4節 内部通報規程

1 規程の趣旨

　社内で法令違反や不正行為が行われたときに、それに最初に気が付くのは、社員である。もちろん、外部の消費者や関係官庁から法令違反行為、不正行為を指摘されて、はじめて気が付くというケースもあるが、現実的には、同僚や部下が発見するというケースのほうが多い。

　このため、社員による法令違反や不正の拡大を防止し、早めに適切な措置を講じるという観点からすると、違反や不正の事実を知った社員が、社内のしかるべき部門に通報するという「内部通報制度」を整備するのがよい。

2 規程の内容

(1) 通報の義務
　社員に対し、社内において法令違反行為、不正行為が行われていることを知ったときは、直ちに会社に通報することを義務づける。

(2) 事実関係の調査
　社員から通報があったときは、直ちに事実関係を調査する。なお、事実関係の調査に当たっては、通報者のプライバシーに十分

配慮する。
（3）中止命令
　事実関係の調査の結果、法令違反行為、不正行為が行われていることを確認したときは、社長は、直ちにその行為を中止するよう命令する。
（4）懲戒処分
　法令違反行為、不正行為を行った社員を懲戒処分に付する。
（5）報復行為の禁止
　法令違反行為、不正行為を会社に通報された社員が通報した社員に対し、報復行為をすることが予想される。通報され、事実が発覚すると、会社から懲戒処分を受けると同時に、社内での信用が著しく低下するからである。
　また、通報する社員も、「通報したら相手から恨まれるだろう」と心配している。このため、報復行為の禁止を定めておく。

モデル規程

内部通報規程

（総　則）
第1条　この規程は、職場における法令違反行為の内容を会社に通報する「内部通報制度」の取扱いを定める。
（目　的）
第2条　内部通報制度は、法令を誠実に遵守する公正な経営を実践する目的で行う。
（通報の義務）
第3条　社員は、会社において法令違反行為が行われていることを知ったときは、直ちに会社に、次の事項を通報しなければならない。
　（1）行為の具体的な内容

（2）行為を行っている者の氏名、所属、または、行為が行われている部門名
　（3）行為が行われていることを知った経緯
　（4）その他、行為に関すること
2　社員は、会社において法令違反行為が行われていることを知りながら、それを黙認してはならない。
（通報先）
第4条　通報先は、総務課とする。
（通報の方法）
第5条　通報は、口頭・電話・電子メール・郵便・ファックスいずれでも差し支えないものとする。
2　通報は、匿名で行うこともできる。
（事実関係の調査）
第6条　総務課は、社員から通報を受けたときは、直ちに事実関係を調査する。
2　事実関係の調査に当たっては、通報者に迷惑が及ばないよう十分配慮しなければならない。
（社長への報告）
第7条　総務課は、事実関係の調査の結果、法令違反行為が行われていることを確認したときは、直ちに社長に報告しなければならない。
（中止命令）
第8条　社長は、法令違反行為を行っている者に対し、直ちにその行為を中止するよう命令する。
（懲戒処分）
第9条　会社は、法令違反行為を行った社員を懲戒処分に付する。
2　処分の内容は、次の事項を総合的に勘案して決定する。
　（1）法令違反、不正の程度
　（2）動機、目的
　（3）法令違反が行われた期間、回数
　（4）その他、必要事項

（報復行為の禁止）
第10条　社員は、法令違反行為を会社に通報した社員に対し、通報したことを理由として、報復行為を行ってはならない。

（報復行為の通報）
第11条　法令違反行為を会社に通報した社員は、通報したことを理由として、他の社員から報復行為を受けたときは、次の事項を正確に、総務課に通報しなければならない。
　（1）報復行為の内容
　（2）行われた日時
　（3）被害の程度
　（4）その他、報復行為に関すること

（事実関係の調査）
第12条　総務課は、社員から報復行為について通報を受けたときは、直ちに事実関係を調査する。
2　事実関係の調査に当たっては、通報者に迷惑が及ばないよう十分配慮しなければならない。

（中止命令）
第13条　総務課は、事実関係の調査の結果、報復行為が行われていることを確認したときは、報復行為を行っている者に対し、直ちにその行為を中止するよう命令する。

（懲戒処分）
第14条　会社は、報復行為を行った社員を懲戒処分に付する。
2　処分の内容は、次の事項を総合的に勘案して決定する。
　（1）報復行為の内容
　（2）報復行為の期間、回数
　（3）被害者が受けた被害の程度
　（4）その他、必要事項

（付　則）この規程は、○○年○○月○○日から施行する。

第12章　有事への対応

第5節 保険規程

1 規程の趣旨

　経営には、建物の火災、機械設備の損壊、物品の盗難、自動車の事故など、さまざまなリスクがある。そのようなリスクをカバーするために、保険会社からさまざまな保険商品が販売されている。
　多種多様な保険商品の中から、自社の業種・業態に適した保険を選択し、それに加入することは、会社にとって重要なリスクマネジメントである。

2 規程の内容

（1）保険の加入手続き
　保険の加入手続きを定める。
（2）保険事務の所管部門
　保険会社との契約、保険料の払込み、保険証券の保管、保険事故が生じたときの保険金の請求、その他保険に関する事務を所管する部門を定める。
（3）保険台帳の作成
　保険管理を確実かつ適正に行うため、保険台帳を作成し、保険の種類・名称、保険金・保険料、保険期間などを記載しておく。

モデル規程

保険規程

（目　的）
第1条　会社は、資産の保全および有事への対応を目的として、保険に加入する。

（加入手続き）
第2条　次の事項は、役員会において決定する。
　（1）加入する保険の種類、名称
　（2）保険金
　（3）保険会社
　（4）保険期間
　（5）その他、必要事項

（会社への申請）
第3条　各部門の長は、その部門の業務を円滑に遂行するうえで保険に加入することが必要であると認めるときは、次の事項を会社に申請することができる。
　（1）加入する保険の種類、名称
　（2）保険金、保険料
　（3）保険会社
　（4）保険期間
　（5）保険に加入する必要性
　（6）その他、必要事項
2　会社は、部門の長から保険加入の申請が出されたときは、その必要性、経済的負担等を評価して、加入の是非を判断する。

（保険事務の所管）
第4条　次に掲げる事項は、総務部で一括して行う。
　（1）保険会社との契約

第12章　有事への対応

（2）保険料の払込み
（3）保険証券の保管
（4）保険事故が生じたときの保険金の請求
（5）その他、保険に関する事務

（保険台帳）
第5条　総務部長は、加入しているすべての保険について、保険台帳を作成し、次の事項を記載する。
（1）保険の種類、名称
（2）保険金、保険料
（3）保険会社
（4）保険期間
（5）保険証券番号
（6）その他、必要事項

（付　則）この規程は、○○年○○月○○日から施行する。

（様式）　　　　　　　　　　保険台帳

保険台帳（　　年度）							総務部作成
種類・名称	保険金	保険料	保険会社	保険期間	証券番号	備　考

第6節 民事訴訟規程

1 規程の趣旨

　経営上、「取引先が販売代金を支払わない」「相手が契約の内容を守らない」「会社の権利が侵害される」などのトラブルが生じることがある。
　ビジネストラブルは相手との話し合いで解決されるのが望ましいが、残念ながら話合いでは解決できないこともある。このような場合には、民事訴訟を起こし、裁判の場で解決するしか有効な方法はない。

2 規程の内容

(1) 訴訟の要件
　はじめに、次の場合において、相手方との話合いでは解決できないときは、必要に応じて民事訴訟を起こす旨定める。
　・債権を回収できないとき
　・契約が守られないとき
　・権利が不当に侵害されたとき
　・信用、名誉が著しく傷つけられたとき

(2) 訴訟の決定手続き
　民事訴訟の提訴は、顧問弁護士と相談のうえ、取締役会の決定

により行う。
（3）和解勧告への対応
　民事訴訟については、裁判所から和解勧告が出されることがある。和解勧告が出されたときは、そのつど、会社の対応を検討するものとする。
（4）控訴
　判決に承服できないときは、顧問弁護士と相談のうえ、上級裁判所に控訴する。
（5）所管
　民事訴訟に係る事務は、総務部長の所管とする。

モデル規程

民事訴訟規程

（総　則）
第1条　この規程は、民事訴訟の取扱いについて定める。
（訴訟の要件）
第2条　会社は、次の場合において、相手方との話合いでは解決できないときは、必要に応じて民事訴訟を起こす。
　（1）債権を回収できないとき
　（2）契約が守られないとき
　（3）権利が不当に侵害されたとき
　（4）信用、名誉が著しく傷つけられたとき
（訴訟の決定）
第3条　民事訴訟の提訴は、顧問弁護士と相談のうえ、取締役会の決定により行う。
（訴訟代理人）
第4条　訴訟代理人は、原則として顧問弁護士とする。ただし、必要と

認めたときは、顧問弁護士以外の弁護士を代理人とする。
（訴訟費用）
第5条 訴訟費用については、相手方（被告）に負担を求める。
（和解勧告への対応）
第6条 訴訟について、裁判所から和解勧告が出されたときは、そのつど、会社の対応を検討する。
（控　訴）
第7条 判決に承服できないときは、顧問弁護士と相談のうえ、上級裁判所に控訴する。
（強制執行）
第8条 金銭トラブルについて、被告が判決または和解に従わないときは、顧問弁護士と相談のうえ、強制執行の手続きを取るものとする。
（少額訴訟制度の活用）
第9条 金銭トラブルのうち、少額のものについては、簡易裁判所の少額訴訟制度を活用する。
（所　管）
第10条 民事訴訟にかかる事務は、総務部長の所管とする。
2　民事訴訟について、関係部門の長は、総務部長に協力しなければならない。

（付　則）この規程は、〇〇年〇〇月〇〇日から施行する。

【著者紹介】
荻原　勝（おぎはら　まさる）
昭和37年、東京大学経済学部卒業。
人材開発研究会代表。人事・労務コンサルタント

〔著　書〕
『労働時間、休暇管理マニュアル』、『フレックスタイム制度の設計と運用』、『人事考課表・自己評価表とつくり方』、『出向・転籍・派遣規程とつくり方』、『失敗しない！採用実務マニュアル』、『役員規程とつくり方』、『ＩＴ時代の就業規則の作り方』、『福利厚生規程・様式とつくり方』、『給与・賞与・退職金規程』、『役員・執行役員の報酬・賞与・退職金』、『企業倫理規程・行動憲章とつくり方』、『執行役員規程と作り方』、『執行役員制度の設計と運用』、『個人情報管理規程と作り方』『モデル規程例・役員報酬・賞与・退職慰労金』『取締役・監査役・会計参与規程のつくり方』（以上、経営書院）など多数。
現住所：〒251-0027　藤沢市鵠沼桜が岡3-5-13
ＴＥＬ：0466（25）5041
ＦＡＸ：0466（25）9787

社内諸規程のつくり方

2006年6月8日　第1版第1刷発行

著者　荻原　勝
発行者　平　盛之

〒102-0093
東京都千代田区平河町2-4-7　清瀬会館
TEL 03-3237-1601
FAX 03-3237-8209
振替東京 00180-0-11361

（株）産労総合研究所
出版部 経営書院

乱丁本・落丁本はお取り替えします。
本書の一部あるいは全部について著作者から文書による許諾を得ずにいかなる方法においても無断で転写・複写・複製することは固く禁じられております。
印刷・製本 （株）藤印刷

ISBN4-87913-957-2 C2034